世界のなかの日本の歴史

一冊でわかる明治時代

【監修】大石 学

河出書房新社

はじめに

明治元年にあたる1868年の改元から、明治天皇が崩御《ほうぎょ》し、大正と改元されるまでの約45年の期間を「明治時代」といいます。

250年以上続いた江戸時代における「徳川の平和（パクス・トクガワーナ）」は、日本独自の文明を発展させ、今日の「和風」「日本風」と呼ばれる文化・システム・意識を開化させました。ただ、幕末期に西洋諸国の接近と圧力を受け、日本社会はより強力な国家となる必要性を自覚させられると、西洋の文化・文明の移入・摂取《せっしゅ》が盛んになりました。そして、幕府に代わり新たに政治をリードすることになった明治政府は、この方向をさらに加速させ、「富国強兵」「殖産《しょくさん》興業」「文明開化」などの方針・スローガンのもと、政治・経済・社会・文化の諸分野において数々の政策を展開しました。

しかし、諸政策の断行は「徳川の平和」のもとで培《つちか》われてきた社会制度や秩序・制度とさまざまな摩擦《まさつ》・軋轢《あつれき》を起こし、日本社会にゆがみを生じさせ、それは民衆の一揆《いっき》、士族の反乱という形で表面化しました。その後、国民は政治参加を求めて運動を起こした結果、憲法が制定され、国会が開設され、日本は名実ともに〝近代国家〟への道を歩みはじめることになるのです。

明治政府の諸政策の断行と方針の影響は国内だけに留まらず、東アジアを中心として緊張の要素となり、日清戦争と日露戦争という対外戦争という形で顕在化《けんざいか》しました。

本書は、こうした45年間の大きな歴史の動きを、世界の動きにも配慮《はいりょ》しながら、丁寧にわかりやすく説明しています。19世紀後半から20世紀初頭にかけての西洋化・近代化のなかで、日本がどのような進路を選んだのか、その成果と問題点を、21世紀のグローバリズムを迎えた今日的《こんにちてき》視点から、改めて考えてみてください。

監修　大石学《おおいしまなぶ》

目次

第二章 自由民権運動の激化

第三章 立憲政治のはじまり

目次

第六章　列強への仲間入り

主要人物の生没年表

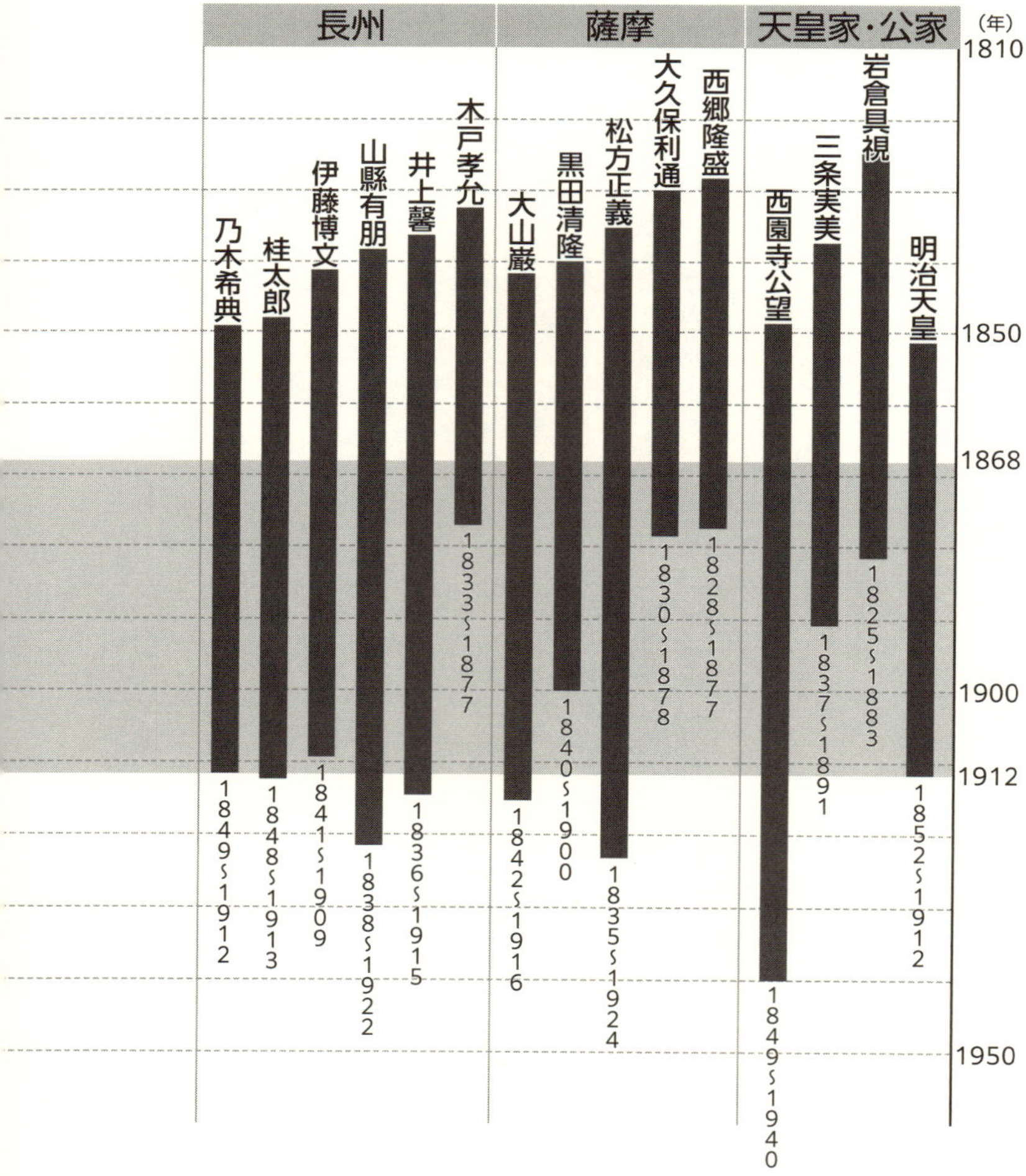

長州
薩摩
天皇家・公家
(年)
1810
1850
1868
1900
1912
1950
乃木希典 1849〜1912
桂太郎 1848〜1913
伊藤博文 1841〜1909
山縣有朋 1838〜1922
井上馨 1836〜1915
木戸孝允 1833〜1877
大山巌 1842〜1916
黒田清隆 1840〜1900
松方正義 1835〜1924
大久保利通 1830〜1878
西郷隆盛 1828〜1877
西園寺公望 1849〜1940
三条実美 1837〜1891
岩倉具視 1825〜1883
明治天皇 1852〜1912

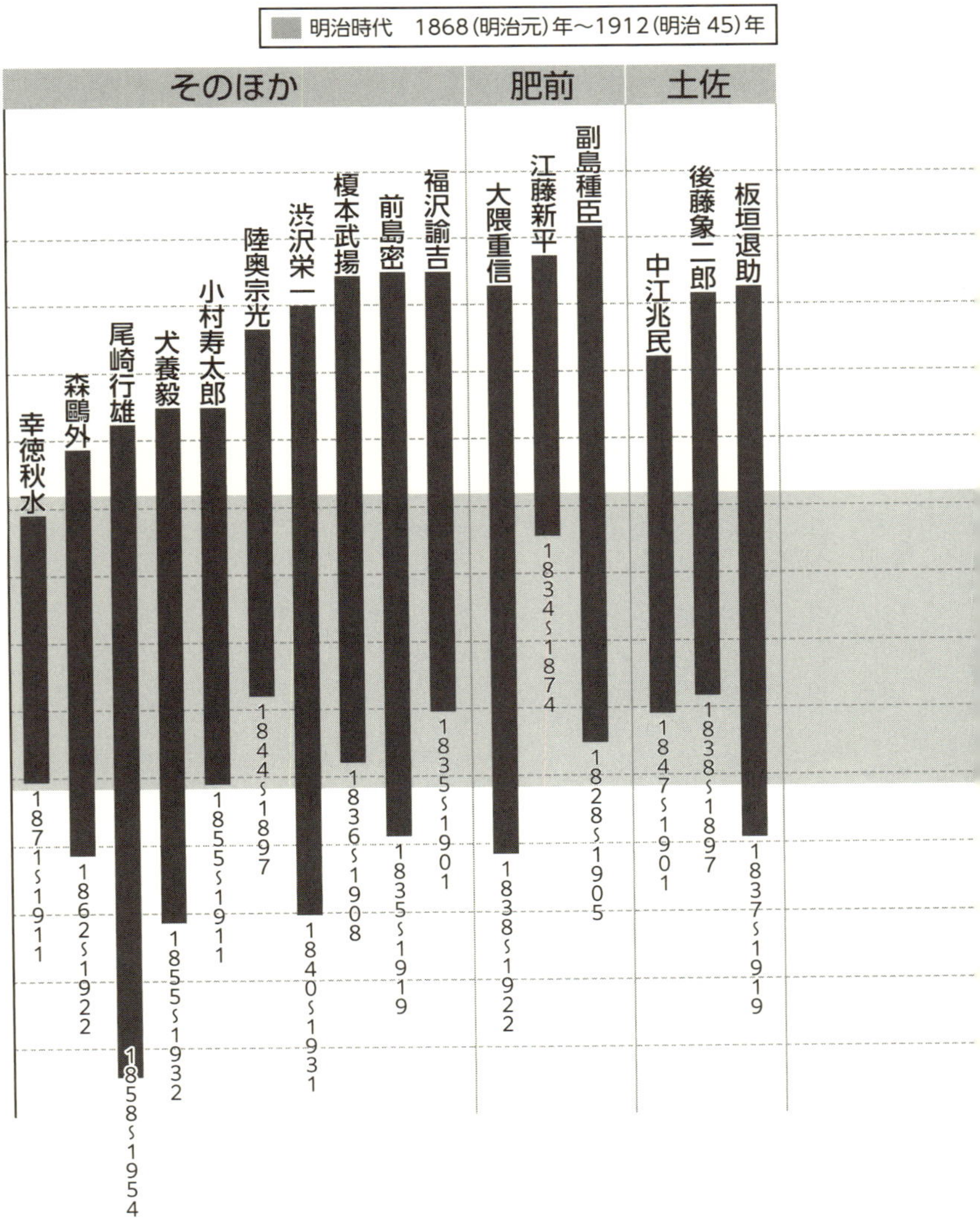

明治時代　1868（明治元）年〜1912（明治 45）年
そのほか
肥前
土佐
幸徳秋水 1871〜1911
森鷗外 1862〜1922
尾崎行雄 1858〜1954
犬養毅 1855〜1932
小村寿太郎 1855〜1911
陸奥宗光 1844〜1897
渋沢栄一 1840〜1931
榎本武揚 1836〜1908
前島密 1835〜1919
福沢諭吉 1835〜1901
大隈重信 1838〜1922
江藤新平 1834〜1874
副島種臣 1828〜1905
中江兆民 1847〜1901
後藤象二郎 1838〜1897
板垣退助 1837〜1919

歴代内閣（明治時代）

呼称	内閣総理大臣 （出身）	期間 （上段：発足　下段：総辞職）
第一次伊藤内閣	伊藤博文 （長州）	1885（明治18）年12月22日 1888（明治21）年４月30日
黒田内閣	黒田清隆 （薩摩）	1888（明治21）年４月30日 1889（明治22）年10月25日
第一次山縣内閣	山縣有朋 （長州）	1889（明治22）年12月24日 1891（明治24）年５月６日
第一次松方内閣	松方正義 （薩摩）	1891（明治24）年５月６日 1892（明治25）年８月８日
第二次伊藤内閣	伊藤博文 （長州）	1892（明治25）年８月８日 1896（明治29）年９月18日
第二次松方内閣	松方正義 （薩摩）	1896（明治29）年９月18日 1898（明治31）年１月12日
第三次伊藤内閣	伊藤博文 （長州）	1898（明治31）年１月12日 1898（明治31）年６月30日
第一次大隈内閣	大隈重信 （肥前）	1898（明治31）年６月30日 1898（明治31）年11月８日
第二次山縣内閣	山縣有朋 （長州）	1898（明治31）年11月８日 1900（明治33）年10月19日
第四次伊藤内閣	伊藤博文 （長州）	1900（明治33）年10月19日 1901（明治34）年５月10日
第一次桂内閣	桂太郎 （長州）	1901（明治34）年６月２日 1906（明治39）年１月７日
第一次西園寺内閣	西園寺公望 （京都）	1906（明治39）年１月７日 1908（明治41）年７月14日
第二次桂内閣	桂太郎 （長州）	1908（明治41）年７月14日 1911（明治44）年８月30日
第二次西園寺内閣	西園寺公望 （京都）	1911（明治44）年８月30日 1912（大正元）年12月21日

序章

“日本国民”が形成された時代

21世紀現在の日本では民主主義が定着し、国民が選挙を通じて政治に関わることが当たり前になっています。しかし、明治時代より前はそうではありませんでした。武士をはじめ一部の特権階級が政治を運営していたからです。明治時代は、そうした旧来の枠組みが取りはらわれ、“日本人”という意識が人々の間に広がり、いわば国民意識を持った人々が政治や経済を動かしていく過渡期にあたります。

それでは、こうした一大変革はどのようにして起こったのでしょう。それを考察するには18世紀後半の日本と、その日本を取り巻く世界情勢から見ていく必要があります。

江戸時代の初期、幕府はオランダ、朝鮮王朝、中国王朝の清《しん》の3カ国のみと外交・貿易関係を結びました。外交・貿易の窓口はオランダと清の船が寄港する長崎、朝鮮に最も近い対馬《つしま》、琉球《りゅうきゅう》王国（現在の沖縄県）を経由して清や東南アジアと航路でつながる薩摩《さつま》、アイヌを経由して清の東北部と交易していた松前《まつまえ》（現在の北海道南部）の4カ所

◉東アジア（1860年）

番号	都市名
①	根室
②	江戸
③	神奈川
④	京都
⑤	兵庫
⑥	対馬
⑦	長崎

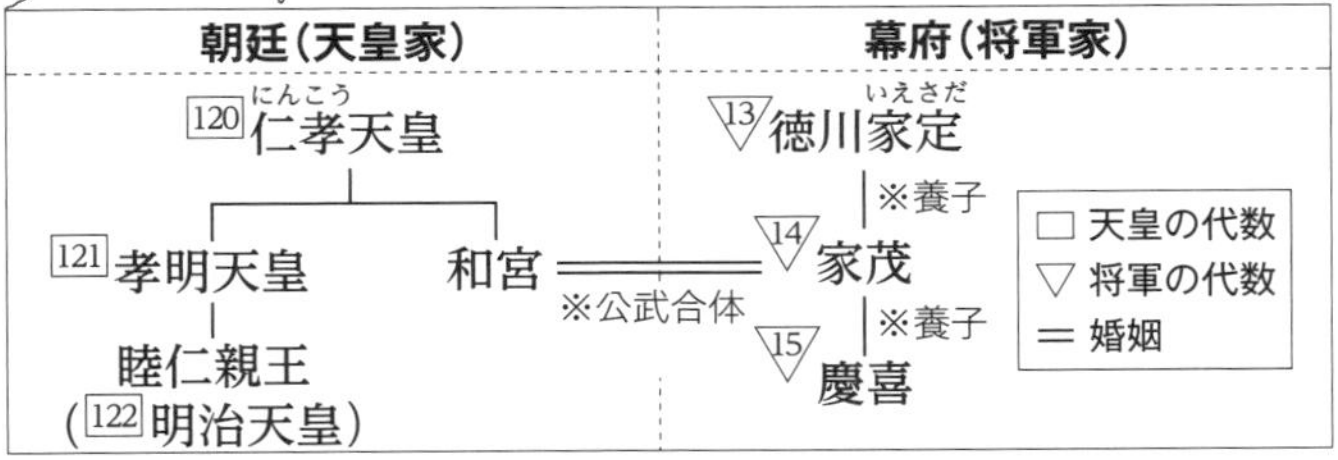

に制限していました。いわゆる鎖国《さこく》体制です。長崎のオランダ商館を経由して、幕府は海外の情報を入手し、一部の武士は蘭学《らんがく》（西洋の医学、天文学、軍事技術など）を学んでいました。

他方、18世紀末の西洋諸国において大変革が起こります。イギリスでは蒸気機関や繊《せん》維《い》製品を大量生産する紡績機《ぼうせきき》などが次々と実用化され、その技術を導入したヨーロッパ諸国では工業生産が急速に拡大し、19世紀には帆船《はんせん》より推進力のある蒸気船、馬車より高速な蒸気機関車などが開発されます。これを「産業革命」といいます。

同様に明治維新に大きな影響を与えたのが、「市民革命」と「国民国家の成立」です。イギリスが北米大陸に築いた植民地では移民者らが独立戦争を起こし、1776年にアメリカ合衆国が建国されます。1789年にはフランスで革命が起こり、平民層の代表からなる議会が成立したのち、王政が廃止され共和政が導入されます。アメリカ独立戦争とフランス革命は、国王や貴族に代わってブルジョワ階級（商工業に従事する裕福な市民）らによる政権が樹立されたことから市民革命と位置づけられています。

また、それまでほとんどの国家においては、国王に仕える一部の階級と官僚のみが政治と軍事を担《にな》っていましたが、新たに成立したアメリカ合衆国とフランス共和国では身分に関わりなく国民が議会を通じて政治を動かし、国民で構成された軍隊が国防を担いました。国民が主権を持ち、一定の領域（国土）を治める国家を「国民国家」（nation state）といい、この体制はほかの西洋諸国にもとり入れられていきます。

これら西洋諸国は産業革命によって工業生産力を拡大し、多数の国民が政治や軍事に参加することにより急速な発展をとげます。そして、アジアやアフリカなどに植民地を築き、現地の天然資源と労働力を用いて物品を生産し、それを輸出して利益を拡大していきました。このような動きを帝国主義といいます。

江戸時代後期、その帝国主義の影響が日本の近辺におよびます。１７９２（寛政《かんせい》４）年に、ロシア帝国の使節ラクスマンが蝦夷地《えぞち》の根室《ねむろ》（現在の北海道根室市）に来航して幕府に通商を求めたのを皮切りに、西洋諸国の船舶《せんぱく》が日本の近海にたびたび現れるようになったのです。

同時期、清が国内で麻薬の原料となるアヘンの流通を禁じていたにもかかわらず、イギリスがそれに反して清の国内でアヘンを販売したことでアヘン中毒者が増加し、深刻な問題に発展します。そこで清がアヘンの流通をきびしく取り締《とし》まったことをめぐり、1840（天保《てんぽう》11）年に両国の間で戦争（アヘン戦争）が起こり、イギリスが勝利します。遠く西洋の国の軍隊に大国である清が敗れたことに、江戸幕府は衝撃を受けます。

外国への警戒感が高まるなか、1853（嘉永《かえい》6）年にアメリカの東インド艦隊を率いる提督《ていとく》ペリーが日本に来航し、国交の樹立と通商を求めました。艦隊のうち2隻《せき》は強力な大砲を備えた蒸気船であり、これを見た人々はおどろきます。

幕府は鎖国体制を続けたいと考え、アメリカへの回答を保留し、朝廷と諸大名にも広く意見を求めます。これがきっかけとなり、財政改革に成功して力を持っていた薩摩藩や長州《ちょうしゅう》藩といった雄藩《ゆうはん》のほか、徳川将軍家の分家である水戸《みと》藩、さらには朝廷などが、幕府に対して攘夷《じょうい》（外国を退《しりぞ》けること）を主張します。とはいえ、幕府には外国に対抗する軍事力はなく、1854（嘉永7）年に日米和親条約を結び、アメリカと国交を樹立します。

そのころ、イギリス・フランス連合軍との戦争（アロー戦争／第二次アヘン戦争）で清がまたも敗れます。西洋諸国が勝利した報《しら》せがもたらされると、幕府は大老《たいろう》の井伊直《いいなお》弼《すけ》のもとで、天皇の許可を得ないまま、1858（安政《あんせい》5）年にアメリカと日米修好通商条約を結び、続いてイギリス、ロシア、オランダ、フランスとも同じ内容の条約（安政五カ国条約）を結びます。これらは、神奈川、兵庫などに開港場と外国人の居留地を築くほか、外国人が罪を犯《おか》しても日本の法は適用されない（治外法権）、日本側が関税率を決められない（関税自主権の放棄）という、いわゆる不平等条約でした。

日本側に不利な条約に加え、西洋諸国との貿易により経済は混乱します。一部の藩では、外国の圧力に屈した幕府を批判し、天皇を中心に結束して外国勢力を追い払うことを唱《とな》える「尊王攘夷《そんのうじょうい》」の思想が支持されます。

この尊王（勤王）思想は、幕末期にいきなり生じたものではありません。江戸時代の初期から幕府は、主君への忠義を重視する儒学《じゅがく》（朱子《しゅし》学《がく》）を修めることを推奨《すいしょう》し、水戸藩では儒学（朱子学）の観点から天皇を中心に日本の歴史を論じる水戸学が形成され、幕府の将軍よりも天皇への忠義を重んじる尊王思想へと発展していきました。水戸藩の儒学者であった会沢正志斎《あいざわせいしさい》は、著書『新論《しんろん》』で西洋諸国の脅威《きょうい》を分析《ぶんせき》しつつ、朝廷と幕府の協調と各藩の結束を説き、尊王攘夷を支持する人々に影響を与えます。その1人で、長州藩の儒学者だった吉田松陰《よしだしょういん》は、天皇を中心とした政治への回帰を唱えました。

各藩では、薩摩藩士の西郷隆盛《さいごうたかもり》や大久保《おおくぼ》利通《としみち》、長州藩士の桂小五郎《かつらこごろう》（木戸孝允《きどたかよし》）ら、中級から下級の武士を中心に尊王攘夷運動が広まり、藩政の改革を進めるとともに、幕府に批判的な公家の岩倉具視《いわくらともみ》、三条実美《さんじょうさねとみ》らと連携していきます。

この動きに対して井伊は、1858（安政5）年、水戸藩関係者を中心として尊王攘夷派の武士や公家を処罰して松陰らを死に追いやる（安政の大獄《たいごく》）と、1860（安政7）年に起こった桜田門外《さくらだもんがい》の変《へん》で水戸浪士《ろうし》を中心とする尊王攘夷派に井伊は暗殺され、幕府の権威は著《いちじる》しく低下します。幕府は朝廷との結びつきを強めることで権威の回復をはかろうと、14代将軍の徳川家茂《とくがわいえもち》と、孝明《こうめい》天皇の妹である和宮《かずのみや》の婚姻《こんいん》を成立させます。この政策を「公武合体《こうぶがったい》」といいます。ほかにも幕府は、西洋諸国の脅威に備えて近代的な軍隊や工場の建設に着手しました。

1863（文久3）年、薩摩藩がイギリス艦隊と、翌年には長州藩がアメリカ、イギリス、フランス、オランダの四カ国艦隊と交戦しました。薩英《さつえい》戦争と下関《しものせき》戦争と呼ばれるこれらの戦争での敗戦によって両藩は攘夷の方針を改め、力を持った改革派のもとで西洋諸国の技術や制度をとり入れて軍事力を強化し、新たな政治制度（合議制）を築くことを目指します。

過激な尊王攘夷論を唱えていた長州藩とその長州藩を支持する公家は、天皇の意を受けた中川宮《なかがわのみや》らによって京都を追放されます。これを不満に思った長州藩は復権をうったえて京都に兵を送り、京都の警護にあたっていた会津《あいづ》藩や薩摩藩と戦いになります（禁門の変）。幕府が長州への軍事侵攻をはかると、長州藩は薩摩藩の西郷隆盛による降伏の勧告を受け入れ、戦闘は回避されました（第一次長州征伐／第一次長州戦争）。

ところが、幕府は薩摩藩が希望する諸藩の合議による政治体制の導入に応じなかったことから、薩摩藩では倒幕を主張する人々が中心となり、幕府と距離を置くようになります。1866（慶応《けいおう》2）年、元土佐《とさ》藩士の坂本龍馬《さかもとりようま》、中岡慎太郎《なかおかしんたろう》の仲介によって薩摩藩と長州藩の盟約（薩長《さつちょう》同盟／薩長盟約）が成立しました。幕府は再び長州への軍事侵攻をはかりますが、薩摩藩は幕府に協力せず、薩摩藩を経由して新式の武器を入手した長州藩は幕府軍を退けます。その最中、14代将軍の家茂が急死したことから、幕府は長州藩と休戦しました（第二次長州征伐／第二次長州戦争）。

幕末の争乱と同時期、欧米でも近代的な国家の建設をめぐる戦乱が相次ぎました。それまで多数の小国が分立していたイタリア半島では、イタリア統一運動（19世紀初頭～１８６１年）が起こり、フランスはこれを支援しました。アメリカでは奴隷《どれい》制度をめぐって、北部の連邦政府と南部の諸州との間で南北戦争（１８６１～１８６５年）が起こります。ロシアは地中海への進出のため、オスマン帝国（現在のトルコ共和国と近隣の諸国を支配した国家）の領土であるクリミア半島に侵攻し、それを阻止《そし》しようとするイギリス・フランスとの間でクリミア戦争（１８５３～１８５６年）が起こり、敗れたロシアは軍や政治の改革に着手します。これらの戦乱や政治的変革に追われていたことに加え、薩摩藩・長州藩と関係の深いイギリスが、他国を差し置いて日本への影響力を強めることに列強（西洋の諸大国）は警戒します。

１８６７（慶応２）年、家茂の次の将軍に水戸藩出身の徳川慶喜《よしのぶ》が就《つ》いて間もなく、攘夷を強硬《きょうこう》に唱えていた孝明天皇が急死すると、その子である睦仁《むつひと》親王が即位して、天皇（明治天皇）となります。翌年10月、岩倉具視は天皇の命令（勅命《ちょくめい》）として薩摩藩と長州藩に幕府の討伐を指示します（討幕の密《みっ》勅《ちょく》）。慶喜は朝廷との武力衝突を避けるため、土佐藩による建白《けんぱく》（主君への提案）を受け入れ、同月14日にみずから朝廷に政権の返上を申し出ます。いわゆる「大政奉還《たいせいほうかん》」です。これを受けて同年12月、朝廷が政務を担う宣言「王政復古の大号令」が発せられ、天皇を中心とした新政府が成立しました。

こうして始まることになる諸改革は、単なる幕府から朝廷への政権交代ではありません。天皇を中心とした中央集権的な体制を強化しつつ、新たに国民がみずから政治や国防を担う国民国家の構築を目指すことになるのです。これは当時の欧米諸国の歩みを追いかけるものでした。

◉明治天皇を中心とした系図

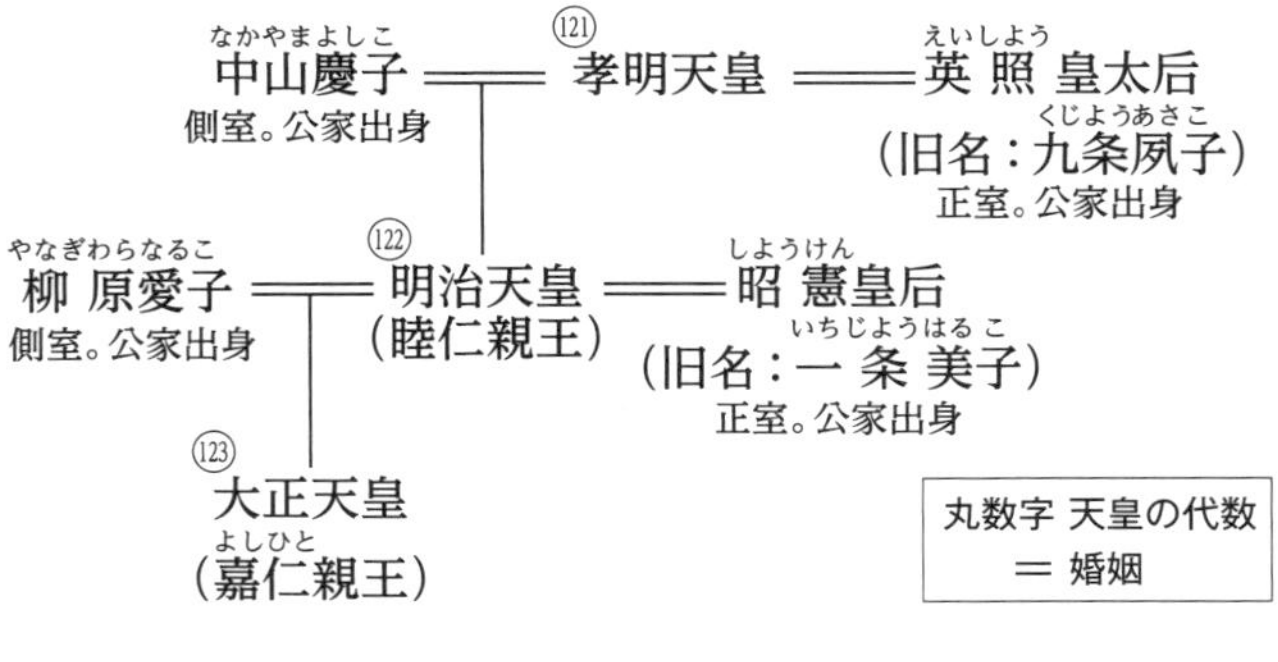

〈本書を読むにあたり〉

※ふりがな（ルビ）は、各章の初出の漢字に振っています。

※図表と同じ漢字が本文に出てくる場合、本文の漢字のほうに、ふりがなを振っています。

※一般的な知名度および高校における日本史教科書等の表記に準拠しています。

※明治政府が正式に新暦を導入する１８７２（明治５）年まで、本書では旧暦で記載しています。

※登場する人物の年齢は「満年齢」で表記しています。

第一章

新政府による諸改革

若い志士たちが担った新政府

新しい政治は、天皇が生活する京都御所の一角の小御所《こごしょ》から始まります。朝廷によって「王政復古の大号令」が発せられた日、明治天皇の臨席のもと、この小御所で新政府(明治政府)の組織と人事を定める「小御所会議」が開かれます。

この日は当時使われていた旧暦(太陰《たいいん》太陽暦)で1867(慶応《けいおう》3)年12月9日にあたりますが、現在使われている新暦(太陽暦)では1868年1月3日になります。

小御所会議では、将軍や幕府に加えて、古代から存在した摂政《せっしょう》や関白《かんぱく》など朝廷の役職を廃止し、新たに総裁、議定《ぎじょう》、参与《さんよ》という役職(三職《さんしょく》)が設置されました。トップである総裁は皇族の有栖川宮熾仁《ありすがわのみやたるひと》親王、総裁に次ぐ地位の議定は、同じく皇族の小松宮彰仁《こまつのみやあきひと》親王のほか、薩摩《さつま》藩主の島津忠義《しまづただよし》ら有力な公家や諸侯(藩主)10人が任命されます。

この段階では、必ずしも倒幕を主導した長州《ちょうしゅう》藩・薩摩藩を中心とした体制ではなく、親藩《しんぱん》である越前《えちぜん》福井藩前藩主の松平慶永《まつだいらよしなが》(春嶽《しゅんがく》)、御三家《ごさんけ》である尾張《おわり》藩元藩主の徳川慶勝《よしかつ》らも議定に名を連ねていました。総裁と議定は名誉職のようなもので、実務を担当する参与には倒幕運動に関わった武士と公家が任命されます。主な人物は以下の面々です。

西郷隆盛《さいごうたかもり》は薩摩藩士のリーダー格で、このとき39歳と、志士のなかで最年長でした。低い身分ながら農政に関する豊富な知識や経験があったことから、藩の改革を進めていた薩摩前藩主の島津斉彬《なりあきら》に見出されました。西郷より2歳下の大久保利通《おおくぼとしみち》は、少年期から西郷と親交が深く、武芸を重んじる薩摩藩士のなかにあって事務能力に長《た》けた頭脳派でした。

木戸孝允《きどたかよし》は長州藩士のリーダー格でもとの名を桂小五郎《かつらこごろう》といいます。勤王《きんのう》思想を長州藩内に広めた儒学者《じゅがくしゃ》の吉田松陰《よしだしょういん》の門下生で、青年期に江戸で西洋の軍制を学びつつ、各藩の尊王攘夷派《そんのうじょういは》と交流を深めます。藩内に開国のうえで西洋列強に対抗する方針をとり入れ、薩摩藩や幕府との交渉役を務めました。同じく長州藩出身で、木戸を支える伊藤《いとう》博文《ひろぶみ》と井上馨《いのうえかおる》は幕末にイギリスへ留学しており、西洋についての知識が豊富でした。

このほかの参与には、肥前《ひぜん》藩（現在の佐賀県）出身で英語を習得し、他藩の尊王攘夷派の志士とも交流のあった大隈重信《おおくましげのぶ》と副島種臣《そえじまたねおみ》、土佐《とさ》藩出身で大政奉還《たいせいほうかん》を提案した後藤《ごとう》象二郎《しょうじろう》や、同じく土佐藩出身の福岡孝弟《ふくおかたかちか》、肥後《ひご》藩（現在の熊本県）出身の儒学者で、越前福井藩（現在の福井県）に迎えられて藩政の改革を進めた横井小楠《よこいしょうなん》らがいました。

そして公家を代表する1人が岩倉具視《いわくらともみ》です。公家の多くが倒幕運動に直接関わらなかったなか、岩倉は薩摩・長州の志士らとの結びつきを深めていました。そのため、公家における家柄《いえがら》の格は低かったものの、参与に抜擢《ばってき》されたのです。

なお、彼らと並ぶ有力な志士で、薩摩と長州の連携（薩長《さっちょう》同盟）に大きく寄与した元土佐藩士の坂本龍馬《さかもとりょうま》と中岡慎太郎《なかおかしんたろう》はすでに幕府側によって暗殺されており、長州藩に西洋式の軍制をとり入れ、第二次長州戦争を休戦に持ち込んだ立役者である高杉晋作《たかすぎしんさく》は病に倒れ、新政府の成立前に死去しています。

新政府には倒幕を進めた実力者が集結しましたが、その体制は盤石《ばんじゃく》とはいえませんでした。明治天皇は10代半ばで政治経験にとぼしいうえ、皇族や公家は古代のような天皇を中心とした政治体制の復活を考えていたのに対し、薩摩・長州を中心とした志士らは西洋の議会政治を参考にした制度を構想しており、両者の思惑《おもわく》が一致していなかったからです。加えて、薩摩・長州など倒幕運動に深く関わった一部の藩が、政治を主導することに反発する勢力も少なくありませんでした。

新政府軍VS旧幕府軍

王政復古の大号令が行われる前、江戸幕府最後の将軍となる徳川慶喜《よしのぶ》が、自発的に朝廷に政権を返上したこと（大政奉還）で、265年続いた江戸幕府に終止符が打たれました。すでに幕藩体制の維持が困難だったのに加え、慶喜は朝廷との武力衝突を避けたいと考えていました。さらに、新政府が公家や諸侯による合議制（公議政体）を目指していたことから、慶喜と幕府の重臣らは政権を返上すれば、徳川宗家《そうけ》（将軍家）も新政府の一員として影響力を維持できるのではないかと期待していたのです。

ところが慶喜らの思いとは裏腹に、岩倉具視や薩摩藩の有力者らは、徳川宗家が新政府でも強い影響力をおよぼすことを警戒していました。政権を返上したとはいえ、徳川宗家は約400万石を領する日本最大の大名だったからです。そして小御所会議において、慶喜が朝廷から与えられていた正二位《しょうにい》内大臣《ないだいじん》の官位と、徳川宗家の領地の返上が決定されます（辞《じ》官納地《かんのうち》）。

思いもしなかった事態に慶喜は納得できず、大坂城にイギリス公使パークス、フランス公使ロッシュらを招き、自身が外交を担当することを伝え、朝廷には王政復古の大号令を撤回《てっかい》するよう要請《ようせい》します。朝廷は大号令を撤回こそしませんでしたが、当面は徳川宗家がこれまでどおり、内外の政務にあたることを認めました。

西郷隆盛ら薩摩藩の強硬《きょうこう》派は徳川宗家の権力が維持されることを危《あや》ぶみ、武力で徳川宗家を打倒することによって新政府の権威と支配を確立すべきだと判断します。そこで、下級の武士や浪人《ろうにん》に江戸の各所で幕府関係者の襲撃や、商家に対する強盗《ごうとう》・放火などを行わせ、旧幕府を挑発します。すると、旧幕府から江戸市中の警備を命じられていた庄内《しょうない》藩（現在の山形県中部）、鯖江《さばえ》藩（現在の福井県中部）などはこの挑発に乗り、江戸の薩摩藩邸《はんてい》を焼き討ちしました。これを

そのころ、世界では？

1869年、スエズ運河が開通

エジプトではフランスの実業家フェルディナン・ド・レセップスを中心にスエズ運河が完成しました。数年前には、江戸幕府がヨーロッパに派遣した使節団が建設中の運河を見学しています。

きっかけに、新政府と徳川宗家を支持する諸藩の対立は決定的になります。

年が明けた1868（慶応4）年1月3日、大坂城にいた旧幕府軍および会津《あいづ》藩（現在の福島県西部周辺）・桑名《くわな》藩（現在の三重県北部）の軍勢が、京都の近郊に位置する鳥羽《とば》と伏見《ふしみ》の地で、薩摩藩・長州藩の軍勢と衝突します。これが「鳥羽・伏見の戦い」です。

兵数のうえで旧幕府軍は圧倒していましたが、わずか1日で新政府軍に敗れます。旧幕府軍は、幕府直属の歩兵や旗本《はたもと》、会津・桑名・大垣《おおがき》などの諸藩からなるいわば寄せ集めの兵力で、全体を統一して指揮する総司令官を欠いたため、兵力の優勢を活かすことができず、薩長両藩を中心に結束していた新政府軍に撃破されました。

新政府軍が錦《にしき》の御旗《みはた》を掲《かか》げたことも、戦局に大きく影響します。錦の御旗とは、14世紀の南北朝時代に、鎌倉幕府の打倒を唱《とな》えた後醍醐《ごだいご》天皇の軍勢が掲げたといわれる軍旗で、赤地に金銀で太陽と月を描《えが》いた模様だったと伝わります。新政府軍は、再現した錦の御旗を幕府軍に見せることで、「自分たちこそが官軍（天皇の軍隊＝敵対する軍は賊《ぞく》軍《ぐん》）である」と誇示《こじ》し、旧幕府軍の戦意をくじいたのです。

廃墟になりかけた江戸

旧幕府軍の総大将である徳川慶喜は、尊王思想が強い水戸《みと》徳川家の出身のうえ母親は皇族で、天皇と敵対することに反対でした。鳥羽・伏見の戦いでの敗報がもたらされると、旧幕府側の不利を悟った慶喜は、軍を残したまま江戸へ逃れます。これを追って、有栖川宮熾仁親王を東征大総督《とうせいだいそうとく》とする新政府軍が東へ進撃を開始します。

それでもなお、旧幕府内では徹底抗戦《てっていこうせん》を唱える声が根強いため、慶喜は西洋諸国や倒幕派との交渉に長《た》けた勝海舟《かつかいしゅう》（勝安芳《やすよし》）を陸軍総裁の地位に就《つ》けて対応を一任します。大役を任された勝は、新政府軍への抗戦と和平の両面で策を練《ね》り、江戸市中取締《しちゅうとりしまり》の大久保《おおくぼ》一翁《いちおう》とともに、江戸の町を焼き払って住民もろとも退却することで、新政府軍の占領を無意味なものにする作戦を考えました。これは焦土《しょうど》戦術といい、19世紀はじめにフランス皇帝だったナポレオンの侵攻を受けた際にロシア軍が使った戦術です。このように、新政府軍と旧幕府軍の上層部は西洋の軍事知識が豊富でした。

焦土戦術の準備と並行して、慶喜の護衛にあたっていた山岡鉄舟《やまおかてっしゅう》が新政府軍への使者として派遣《はけん》されます。1人で乗りこんできた山岡の大胆《だいたん》さに新政府軍参謀《さんぼう》の西郷は感じ入り、勝海舟との直接交渉に応じます。1868（慶応4）年3月14日、勝と西郷が会見し、新政府軍への江戸城の明け渡し（江戸無血開城）が実現しました。

一連の駆《か》け引《ひ》きが行われていた際、旧幕府と外交関係を結んでいたイギリス、フランス、アメリカ、オランダ、プロイセン王国、イタリア王国の6カ国は、新政府と旧幕府との戦闘に対して中立の立場をとりました。じつは、勝との交渉の前日、西郷はパークスに使者を送り、総攻撃に理解を求めます。これに対してパークスは、降伏している者を攻めることは国際法に抵触《ていしょく》するとして反対し、西郷に圧力をかけたともいわれます。

儒教思想を反映した御誓文

江戸城が無血開城されたのと同じ1868年3月14日、京都御所の紫宸殿《ししんでん》において、多数の新政府の要人が居並ぶなか、明治天皇がみずから神に誓《ちか》うという形式のもと、新政府の基本方針を定めた「五箇条《ごかじょう》の御誓文《ごせいもん》」が発布されます。要約すると、「会議によって政治の議論を決定し、身分が上の者も下の者も、官民が一体となり、旧来の古い慣習を改め、世界から新しい知識を吸収する」という趣旨《しゅし》です。幕府を中心に武士階級が権力を独占する従来の体制を一新し、西洋の議会政治にならって幅広い階層の出身者も政治に参加させるという内容といえます。

西洋諸国では、国民の自由や平等を唱えたイギリスのジョン・ロック、フランスのジャン・ジャック・ルソーなどの思想家の影響のもと、18世紀の市民革命を経て近代的な議会政治が広まりました。しかし、五箇条の御誓文の内容は、こうした西洋の思想家の著作を参考にしたのではありません。越前福井藩出身の由利公正《ゆりきみまさ》（三岡八郎《みつおかはちろう》）と土佐藩出身の福岡孝弟が原案をつくり、木戸孝允が手を加えて完成したものです。そして、この由利や木戸に大きな影響を与えたのが、儒学者の横井小楠と吉田松陰でした。

当時の武士や公家にとって東洋古来の思想である儒学は基礎教養であり、主君への忠義を説くだけでなく、天命による社会変革を肯定《こうてい》し、身分に関わりなく学問を修めた優秀な人材を登用するという考え方がありました。横井はこの考え方にもとづいて福井藩の藩政改革を進めました。吉田は身分の差を超えて、人々が天皇のもとに団結する「一《いっ》君万民《くんばんみん》」という思想を唱えていました。つまり、横井ら儒学者は、西洋の国民国家や議会政治は、儒学の理想とも合致する制度だと解釈していたのです。たとえば、横井は選挙によって指導者を選出する大統領制を「堯舜の世《ぎようしゆん》」(堯と舜はともに古代中国の伝説上のすぐれた為政者《いせいしや》で、堯が舜に平和的に地位をゆずった)、すなわち、人徳と才能のある者が選出され、平和的にリーダーの交代が行われる理想的な在り方として高く評価していました。

新政府は明治時代を通じて西洋の制度や技術をとり入れますが、政治思想では儒学において理想とされる、主君(天皇)と民が一体となった統治体制がイメージされていました。そもそも明治維新の「維新《いしん》」とは、儒学の重要な古典『詩経《しきよう》』に由来しており、「すべてが改まり新しくなること」という意味の言葉です。明治の初めころは、儒学にくわしくない庶民《しよみん》にもわかりやすいように「御一新《ごいつしん》」と呼んでいましたが、新政府の体制がおおむね固まった1880(明治13)年ごろから、儒学の古典にもとづく「維新」という言葉を用いるようになっていきました。

五箇条の御誓文はもっぱら新政府への参加が見込まれる公家や武家に向けたものであり、翌15日には民衆の心得として「五榜《ごぼう》の掲示《けいじ》」が発布されます。①儒教にもとづく倫《りん》理観《りかん》（君臣・夫婦・親子関係など）を守ること②徒党・強訴《ごうそ》（集団で自分たちの要求を強引に認めさせようとすること）・逃散《ちょうさん》（集団で土地を離れること）の禁止③キリスト教や邪教《じゃきょう》の信仰の禁止④外国人への暴行の禁止⑤居住地からの脱走の禁止、という5つで、江戸時代の方針と共通する点がほとんどでした。

維新前から下地があった議会政治

五箇条の御誓文の方針を踏《ふ》まえ、1868（慶応4）年閏《うるう》4月には政府の組織を具体的に記した「政体書」が発布されます。副島種臣と福岡孝弟が中心となり、アメリカ合衆国憲法を参考に起草され、行政、立法、司法の三権分立が明文化されます。

政府の要職は太政官《だじょうかん》と総称され、行政を担当する行政官、神祇官《じんぎ》（神道の宗教儀式を担当、のちに神祇省となる）、会計官、軍務官、外国官、立法を担当する議政《ぎせい》官、司法を担当する刑法官の7官からなります。これらの太政官は任期を4年とし、公選によって2年ごとに交代すること、議政官は議定と参与からなる上局《じょうきょく》と、各藩より選出された貢士《こうし》からなる下局《かきょく》から構成されることが定められました。

もっとも、政府の機構は安定せず、試行錯誤《しこうさくご》が続きます。公選は一度しか行われず、ほどなく兼任によって、三権分立は名目だけになりました。下局はのちに公議所、集議《しゅうぎ》院と名を変えますが、1873(明治6)年に廃止されます。

じつは、江戸幕府にも政体書の内容と似た構想がありました。ペリーの来航時、老中の阿部《あべ》正弘《まさひろ》、福井藩士の橋本《はしもと》左内《さない》らは西洋の政治体制を参考に、幕府幹部と諸侯、さらには民衆が参加する議会政治(公議政体)の導入を検討しています。土佐藩士の後藤象二郎も橋本左内の構想を受けつぎ、大政奉還の建白書《けんぱくしょ》において、諸侯による上院と民衆が参加する下院からなる二院制の議会を提案していました。

◉太政官制① 七官制(1868～1869年)

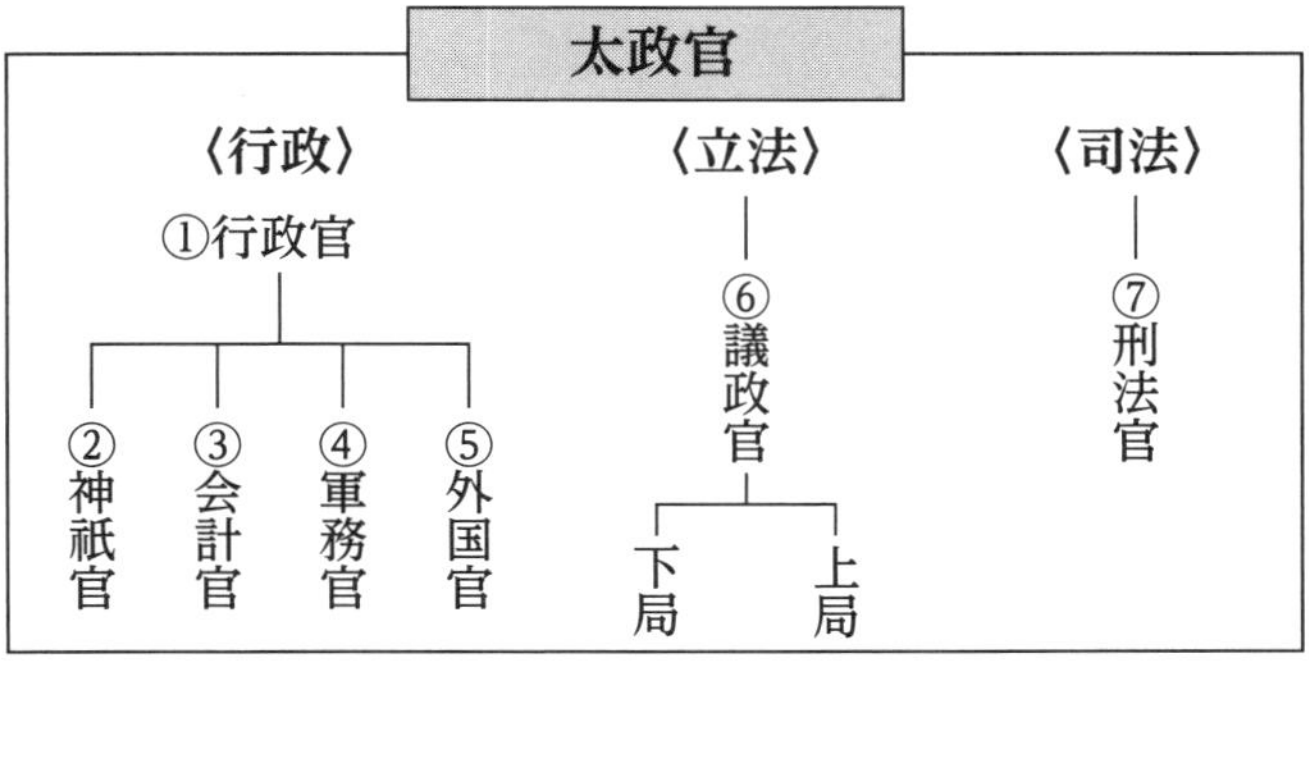

なお、江戸幕府の要職は徳川家に仕える大名や旗本《はたもと》から選ばれていましたが、必ずしも血筋や家柄による世襲《せしゅう》とは限らず、権力の集中を避けるため、老中や奉行は複数人の交代制でした。江戸時代後期には、中級以下の武士たちが政治の実務を担《にな》い、各藩では役人を育成するための藩校が存在しました。つまり、政体書で示されているように、各藩から実力で選ばれた人々が集まり、話し合って政治を動かす下地はすでにできていたのです。

遺恨を残した戊辰戦争

五箇条の御誓文と政体書が発布されたのは、新政府と旧幕府との対立がいまだに続き、諸藩のなかにも新政府に反発する勢力が残っていたため、新政府の方針を示して政治の安定をはかろうとする意図がありました。無血開城後、徳川慶喜は江戸を離れ、水戸で謹慎《きんしん》していましたが、新政府軍と旧幕府軍や諸藩の軍勢との戦闘が続きます。１８６８年の干支《えと》が戊辰《ぼしん》だったことから、鳥羽・伏見の戦いから続く一連の戦乱は「戊辰戦争」と呼ばれます。

5月には旧幕臣の渋沢成一郎《しぶさわせいいちろう》らが結成した彰義隊《しょうぎたい》が江戸の上野《うえの》（現在の東京都台東《たいとう》区）の寛永寺《かんえいじ》に立てこもり、新政府軍と衝突します。この上野戦争は1日で終結し、彰義隊は逃走します。

抵抗勢力のなかでも、新政府がとくに敵視したのが会津藩です。かつて会津藩は、幕府から京都の治安維持を担当する京都守護職に任じられ、浪人を組織した新選組《しんせんぐみ》や、旗本による京都見廻組《みまわりぐみ》などを使って、薩摩藩や長州藩の尊王攘夷派の志士を弾圧し、鳥羽・伏見の戦いでも桑名《くわな》藩とともに旧幕府軍に属しました。新政府は会津藩・桑名藩の討伐を決定しますが、これは幕末期に受けた弾圧へのうらみと、見せしめという意図がありました。

また、鳥羽・伏見の戦いには参加しなかった庄内藩も、薩摩藩邸を焼き討ちしたこともあり、突然、4月に新政府から討伐の対象とされます。会津藩と庄内藩は新政府の強硬な姿勢に反発して徹底抗戦の意志を示します。

新政府は仙台藩（現在の宮城県）をはじめ、東北・北陸の諸藩に、会津藩・庄内藩の討伐に協力するよう強く迫りました。東北・北陸諸藩は、会津藩・庄内藩への寛大《かんだい》な処置を新政府に求めましたが拒絶されたため、奥羽列藩同盟《おううれっぱん》（のちに奥羽越列藩同盟《おううえつ》となる）を結成して新政府に抵抗します。5～7月には北越戦争《ほくえつ》、閏4～9月には会津戦争が起こり、最終的に奥羽越列藩同盟は新政府軍に制圧され、戦場となった会津藩内では多数の犠牲者が出ました。

一連の戦闘では新政府軍と奥羽越列藩同盟のいずれも、元スイス領事館員で商人のスネル兄弟から多くの武器を入手しました。長岡藩《ながおか》（現在の新潟県中部）は当時最新の武器だったガトリング砲《ほう》（複数の銃身《じゅうしん》を束ねて回転させる連発銃）まで使用しています。戊辰戦争の数年前、ヨーロッパでのクリミア戦争とアメリカでの南北戦争が終結し、使われなくなった武器が大量に日本に流入していたのです。

会津藩は敗戦後、大幅に石高を減らされ、斗南《となみ》（現在の青森県の北東部）へ転封《てんぽう》（領地移転）を命じられました。会津藩を中心に東北諸藩の出身者には、薩摩藩・長州藩による権力独占への遺恨《いこん》が残り、のちには自由民権運動の賛同者や、盛岡藩（現在の岩手県）出身の原敬《はらたかし》（大正期の総理大臣）など、薩摩藩・長州藩出身者らが主導する政治に批判的な政治家も現れることになります。

まぼろしに終わった蝦夷独立

東上する新政府軍に次々と抵抗勢力が敗れるなか、幕府海軍の副総裁だった榎本武揚《えのもとたけあき》は、旧幕府が所有していた艦隊の主力を新政府に引き渡すことを拒否し、品川《しながわ》沖から仙台に向かいます。そこで元老中や元新選組副長の土方歳三《ひじかたとしぞう》ら、旧幕府軍と奥羽越列藩同盟の残党を乗船させ、1868（明治元）年10月に蝦夷地《えぞち》の箱館《はこだて》（現在の北海道函館《はこだて》市）を占拠《せんきょ》すると、12月には蝦夷地を平定したと宣言します。

旧幕府軍の幹部らは入札（投票）で榎本を総裁とする蝦夷島新政府を成立させました。これは非公式ながら日本で最初の近代的な選挙といえます。国際法に通じていた榎本は、箱館に入港したイギリスとフランスの軍艦の艦長と交渉し、自分たちを〝事実上の政権〟と認めさせています。そのため、この政権は蝦夷共和国とも呼ばれることがありますが、榎本らによる自称ではなく、日本からの独立を宣言してはいません。榎本は新政府に対し、旧幕臣の地位を保証したうえで、蝦夷地が外国から攻撃を受けた際には防衛を担うことを提案しますが、新政府に拒絶されます。

すると、ロシアが榎本を支援して蝦夷地を勢力圏に置く可能性を懸念《けねん》したイギリスが諸外国を説得し、中立の立場を放棄して新政府軍の支援に動きます。一例として、鉄製の装甲を有する新型艦が新政府軍に引き渡され、新政府軍の艦隊の旗艦として箱館への砲撃に加わっています。翌1869（明治2）年4月に新政府軍は箱館に上陸します。はげしい戦闘がくり広げられ、この戦いで土方は戦死しています。5月18日に榎本らは降伏し、戊辰戦争は終結しました。

成立直後の新政府には西郷、木戸ら薩摩藩士・長州藩士の強硬派（武力討幕派）と、旧幕府関係者も含めた諸侯と公家らの合議制を目指す勢力（公議政体派）が対立しますが、戦争の勝利により西郷、木戸ら武力討幕派が実質的な政権運営の主導権を握《にぎ》ります。

民衆の参加がなかった改革

戊辰戦争における新政府側の死者は4925人、旧幕府側の死者は8625人と記録に残されています。同時期に起こっていたアメリカの南北戦争での戦死者は20万人以上です。これに前後する時期、イタリア統一（1861年）やドイツ統一（1871年）

をめぐって内戦が起こっていますが、それらと比較しても戊辰戦争の戦死者は少数でした。その理由として、大規模な戦闘が少なかったこと、西洋諸国が直接介入しなかったこと、戊辰戦争の参加者の多くが武士階級に限られた点があげられるでしょう。

幕末から戊辰戦争へと至る一連の戦乱期には、西洋諸国への商品輸出による国内の物不足などにより経済は混乱し、商品作物の売買で財力をたくわえた一部の地主や商人に富が集中し、その反面、各藩は財政難に陥《おちい》り、領民の農民は困窮《こんきゅう》していました。とはいえ、大部分の民衆は政治との接点がなく、不満の対象は幕府ではなく、地元の役人や富裕な地主、高利貸しなどを批判する「世直し」運動に留まり、政権打倒には至りませんでした。

そのため、民衆の倒幕運動への参加は、長州藩の高杉晋作が組織した奇兵隊など少数の事例に留まります。一例をあげれば、戊辰戦争の初期、現在の茨城県取手《とりで》市の豪農《ごうのう》だった相楽《さがら》総三《そうぞう》は、官軍の先陣となる赤報隊《せきほうたい》を結成し、「年貢半減」を掲げて京都から東山道を進軍し、農民を味方に引き入れました。ところが、財政難のため年貢半減を実行できなくなった新政府は相楽らと対立した末、相楽らを偽官軍《にせかんぐん》として処刑します。

このように、明治維新はアメリカ独立戦争やフランス革命のような民衆が主体となった改革ではありませんでしたが、国民が政治や軍事を動かす体制が整備されていきます。

古くて新しい制度と地方単位

新政府は戊辰戦争と並行して、西洋諸国と対等な力を持つ近代国家をつくりあげるため、次々と新たな政策を実行していきます。

1868（慶応4）年閏4月には、各地の徳川家の領地を新政府が没収します。そして、政治の中心地の江戸、御所のある京都、経済の中心地の大阪（このころ「大坂」の表記から変更）を「府」、それ以外を「県」とし、諸侯（藩主）の支配地を「藩」とする府藩県三治制を導入します。

本書でもこれまで「藩」という言葉を使っていますが、じつは「藩」という語句は明治維新後に定着した用語です。江戸時代までは単純に地域名、たとえば「薩摩国」、あるいは藩主の名前を冠《かん》して「島津家」「島津領」などと呼ぶことが一般的でした。

「府」「藩」「県」はそれぞれ、中国王朝で使われていた地方の行政単位などに由来しています。先に挙《あ》げた「太政官」という官職名は、中国王朝の制度をもとに奈良時代の律令《りつりょう》（法令）で定められた官職名と同じです。鎌倉時代以降に武家政権が定着したことで律令制は形骸化《けいがいか》していましたが、明治時代初期に定められた官庁関係の用語は、古代の政治体制（律令制）の復活を意識したものだったのです。

また、武士出身の政府要人たちは、保守的な価値観が根強い京都の公家たちから天皇を切り離すべく遷都を検討します。大久保利通は大阪を新たな首都として考えていましたが、幕臣から新政府の官僚に転じた前島密《まえじまひそか》は、大阪は市街が手狭《てぜま》で不便なのに対して、江戸の市中は将軍家や藩邸、幕府の要人が使っていた屋敷《やしき》が空き家の状態で残っており、官庁として転用するのに都合がよく、湾岸には幕府が築いた造船所や砲台が豊富な点などから江戸への遷都を勧《すす》めます。肥前藩出身の江藤新平《えとうしんぺい》と大木喬任《おおきたかとう》は、江戸と京都を首都とし、天皇が隔年《かくねん》で双方《そうほう》に滞在することを提案し、木戸孝允は京都を帝都、大阪を西京、江戸を東京とする案をあげています。

皇族や公家、京都の庶民のなかには、天皇が京都を離れることに反発する者も少なくありませんでした。それでも、旧幕府関係者や新政府に敵対した東北の諸藩に対する支配を確立するため、天皇が江戸に移ることが望ましいという考えが有力になります。1868（慶応4）年7月には、江戸を京都と同格の都と位置づける意味で「東京」と改称し、江戸府は東京府となります。正式な遷都に先立ち、10月には明治天皇が江戸に入り、江戸城は東京城と改称され、翌年には皇城と改称されました。なお、1888（明治21）年10月、宮内省によって宮城《きゅうじょう》という呼称が定着します。

8月には京都御所で明治天皇の即位式が行われ、9月8日には元号が慶応から「明治」に改元されます。奈良時代以降の元号の大部分は漢文の古典に由来し、明治は『易《えき》経《きょう》』にある「聖人南面而聴天下、嚮明而治」（聖人が南を向いて天下の声をよく聴けば、世の中は明るく治まる）という一節からとられました。南を向くとは、皇帝は陽《よう》の方位である南に面して座する慣習を踏まえています。元号は高名な漢学者が選ぶのが通例でしたが、明治天皇が複数の候補案からくじで選んだといわれます。

これまでは天皇の代替わりのほか、災害や政変などを機に改元されましたが、明治天皇の即位から、1代（1人の天皇）につき、1つの元号とする「一世一元《いっせいいちげん》の制」が定められました。これは中国王朝の明《みん》（1368～1644年）の制度にならったものです。

土地と人民は天皇に帰属

年が明けて1869（明治2）年3月28日、明治天皇は再び京都から東京に移ると、王政復古の大号令で京都に設置された中央官庁も東京に移ります。政治の中心であった江戸は、東京となっても政治の中心、すなわち首都機能を担うことになりました。ただし、京都から東京に都を遷《うつ》すこと（遷都）は明言されておらず、京都と並んで東京も都に奠《さだ》められた（奠都《てんと》）と理解され、「東京奠都」という言葉が用いられました。1000年以上もの間、歴代天皇は京都で生活していたことから、このことは歴史的な一大変革といえます。

6月には、各地の藩主が天皇に版《はん》（土地）と籍《せき》（人民）を返還する「版籍奉還」が行われます。律令制で定められた「公地公民」（国土と人民はすべて天皇に属する）の考え方への回帰といえる施策《しさく》です。

当面は、藩主が引き続き藩を治める「知藩事《ちはんじ》」（翌月に「藩知事」と改称）とされました。しかし領主ではなく、律令制における国司と同じように政府によって任命された地方官という立場です。このとき、各地の旧藩主からの大きな抵抗は起こっていません。ただし、知藩事の地位が世襲ではないことを理解したうえで応じたのは、米沢藩《よねざわ》（現在の山形県南部）など少数だったといいます。

同時期のヨーロッパにおける君主政国家の多くは、貴族階級による世襲の地方領主が存続していましたが、版籍奉還は世襲の領主を一度に廃した画期的な政策といえます。

政府の機構は再編がくり返され、7月の官制改革により、神祇官と太政官（左大臣、右大臣、大納言《だいなごん》、参議）のもとに大蔵省《おおくら》、兵部省《ひょうぶ》、外務省、民部省、宮内省《くない》、刑部省《ぎょうぶ》を置く体制となります（左ページ上段「太政官制②」を参照）。「省」という語句は、律令制のもとで使われていた官庁名を復活させたもので、現在に至るまで使用されています。

翌8月には蝦夷地が「北海道」と改称されました。これは、律令制で定められていた地方区分（五畿七道《ごきしちどう》）の、東海道（現在の関東地方の沿岸部、東海地方）、西海道《さいかいどう》（現在の九州地方）といった名称にならい、幕末に蝦夷地と千島《ちしま》列島の調査で大きな業績を

◉太政官制② 二官六省制（1869～1871年）

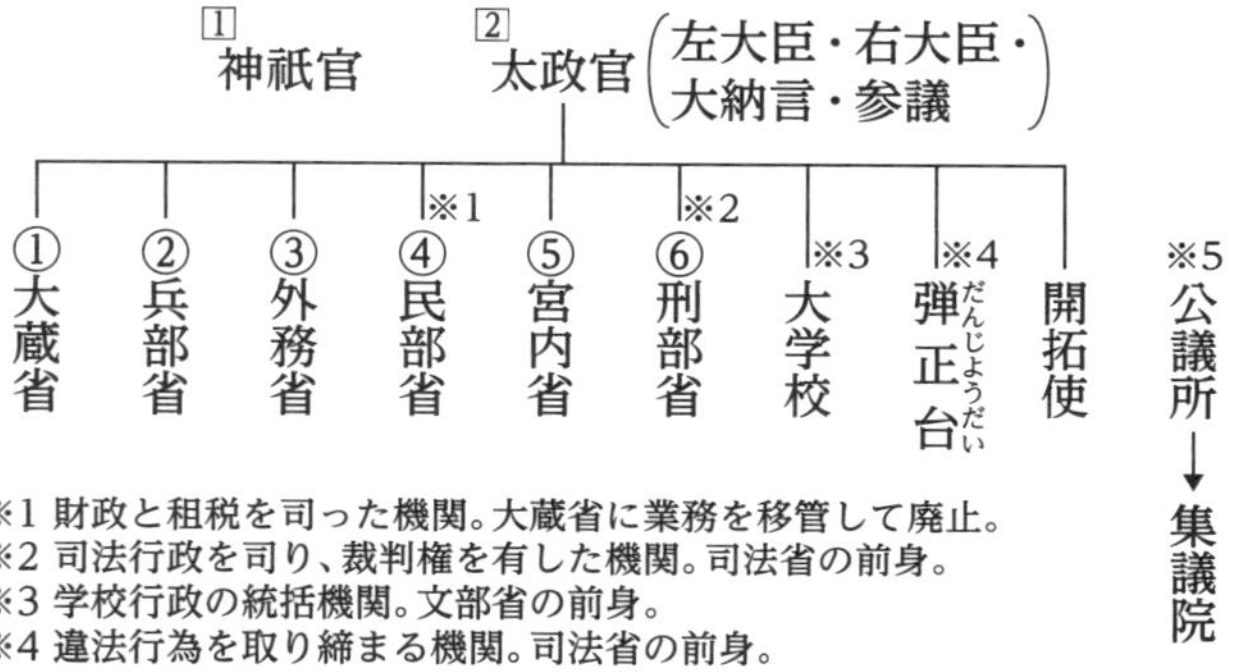

※1 財政と租税を司った機関。大蔵省に業務を移管して廃止。
※2 司法行政を司り、裁判権を有した機関。司法省の前身。
※3 学校行政の統括機関。文部省の前身。
※4 違法行為を取り締まる機関。司法省の前身。
※5 立法・諮問機関。1869年に廃止。

◉太政官制③ 三院制（1871～1885年）

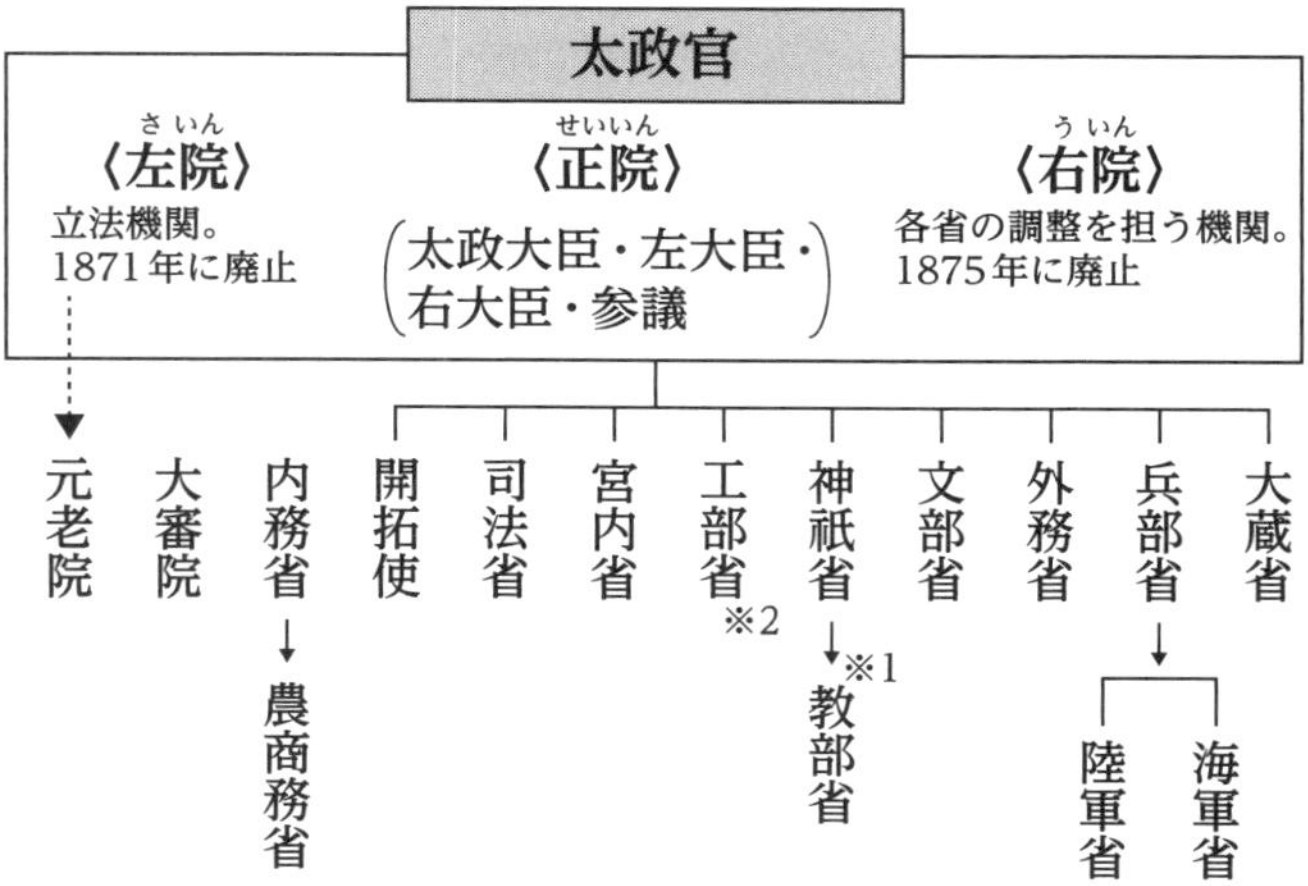

※1 宗教にまつわる政策を統括する機関。
※2 殖産興業に関する政策を統括する機関。

あげた松浦武四郎《まつうらたけしろう》が提案した「北加伊道」がもとになっています。蝦夷地は長らく先住民のアイヌが住民の大多数を占めましたが、江戸時代後期から少しずつ日本の一部として統治が進みました。新政府はこの方針を北海道への改称のタイミングに合わせて本格化させます。

北海道は国防のうえで重要な地でした。大国であるロシアと海を隔《へだ》てて接し、広大な面積の樺太《からふと》における日本とロシアの国境は未確定だったからです。加えて、北海道には広大な未開拓《みかいたく》の地があり、新たな産業を興《おこ》せると期待されていました。そのため新政府は、北海道の統治と開拓、警備を担当する官庁として「開拓使」を設けます。一時的に北海道開拓使と樺太開拓使に分割されましたが、間もなく樺太開拓使は廃止されました。

300以上の「県」が成立!?

版籍奉還から2年後の1871(明治4)年7月には「廃藩置県」が実施されます。藩は廃止されて「県」となり、新政府が任命した知事(初期の呼称は「県令」)が行政の長となりました。このとき、新政府は藩知事(旧藩主)が反乱を起こす可能性を考慮《こうりょ》し、約1万の兵を東京に集結させていましたが、抵抗らしい抵抗はありませんでした。参勤交代制度のもと、旧藩主らは国元《くにもと》よりも江戸（東京）のほうに親しみを覚えるようになっていたうえ、多くの藩が財政難に苦しんでおり、その藩の借金を政府が引き受けたからです。しかも旧藩主の一族には、華族の身分と藩の収入の10分の1にあたる家禄《かろく》（国からの給与）が支給され、当面の生活は保証されました。

廃藩置県の直後、全国には北海道のほかに3府302県が存在しましたが、同年中には3府72県に整理・統合されます。その後も統合が進み、1888（明治21）年には3府43県となります（残る沖縄県の成立に関しては本章で後述）。この区分が現在まで引き継がれているのです。

また、同年には戸籍法が公布されます。江戸幕府はキリスト教の禁止を徹底するため、すべての住民を地域内の仏教寺院の檀家《だんか》（代々の寺の信徒）としていました。そして、武士、農民、町人など身分別に、それぞれの家が属する宗派、寺院を記したリストをつくり、これが戸籍の役割を担っていたのです。一方、新政府は身分や職業に関わりなく、全国一律で集計し、日本初となる本格的な戸籍が1872（明治5）年に完成します。

この年の干支が壬申《じんしん》だったことから「壬申戸籍」と呼ばれます。それによれば、このときの日本の人口は約3311万人でした。

戸籍法のもとでは地域ごとに戸長《こちょう》が定められ、1889（明治22）年に市制・町村制（くわしくは三章で記述）が施行《しこう》されるまで、地域内の行政を担当する役割が与えられました。江戸時代の幕府や藩主は農民の生活に直接介入することはなく、各地の農村ごとに庄屋《しょうや》や名主《なぬし》と呼ばれる有力者を中心とする自治体制がありました。政府はこの制度を変更し、戸長を通じて、地方の農民もすべて中央集権的に管理しようとしたのです。

平民も苗字を名乗るように

旧来の身分制度も廃止されます。有力な公家や大名（旧藩主）は華族とされます。武士の大部分は士族とされ、藩主からの俸禄《ほうろく》（現在でいう給与）に代わって秩禄《ちつろく》が政府から支給されます。農民、職人、商人はまとめて平民とされたのにともない、江戸時代は公認されていなかった、異なる身分（華族、士族、平民）の人との婚姻《こんいん》、職業選択の自由や移動の自由などが認められました。古代の律令制で定められた正一位《しょういちい》から少初位《しょうしょい》までの位階は、新しい政府の役職に対応させた形に再編されます。

ここで注目すべきは、幕府を倒して改革を推し進めた武士が、みずからの特権の廃止を決めたことです。それというのも、新政府に属した志士の多くは中級以下の武士で、もともと身分的な特権も少なく、農民や町人から養子として武家に入った者も多くいたことから、平民と同じ立場になることへの抵抗はなかったのです。

一連の身分制度における改革を通じて、政府は新たな社会の構築を推し進めます。その一環として、1870（明治3）年には、法令で平民も苗字《みょうじ》を名乗ることが許可されます。とはいえ、苗字の届け出がなかなか浸透しなかったことから、1875（明治8）年には苗字必称《ひっしょう》義務令を発し、全国民が苗字を名乗るよう義務づけます。こうして平民も、華族や士族と同じく、一族代々の家と土地の継承を強く意識するようになったのです。

なお、江戸時代には農民、職人、商人のほかに、穢多《えた》や非人《ひにん》と呼ばれる被差別階級（賤民《せんみん》）が存在していましたが、1871（明治4）年に布告された解放令により、彼らも平民と定められます。ただし、新平民と呼ばれて日本社会に差別は残りました。

国との結びつきが強まる神道

先述したように、新政府は西洋諸国にならった新制度を導入する一方、復古的な方針もとり入れます。中央集権体制を築くにあたって、その中心的存在である天皇家と古くから関係が深い神道を国教と定め、政治の権力者と祭祀《さいし》の主宰者《しゅさいしゃ》を一体とする祭政一致を掲げます。

6世紀に外来の宗教である仏教が伝わって以降、日本では在来の神道と仏教が融合した神仏習合《しんぶつしゅうごう》という状態が定着していましたが、1868（慶応4）年に神仏判然令が布告されると、神社から仏教の要素を取り除く神仏分離が盛んになります。

1869（明治2）年には、皇城の北側に位置する九段《くだん》の地（現在の東京都千代田《ちよだ》区）に、幕末から戊辰戦争までの官軍の戦没者を祀《まつ》る東京招魂社《しょうこんしゃ》が設立されました。これがのちに靖国《やすくに》神社へと発展し、各地にも戦没者を祀る招魂社（護国《ごこく》神社）が築かれていきます。

神社の権威が高まる反面、多数の仏教寺院が廃止され、全国で約9万あった寺院が半滅し、大量の仏像が打ちこわされ、経典が焼かれました。これは廃仏毀釈《はいぶつきしゃく》と呼ばれます。この背景には、江戸幕府が檀家制度を通じて、各地の領民を管理下に置いていた点も影響しています。奈良の興福寺《こうふくじ》や江戸（東京）の寛永寺などの有力寺院は広大な寺領を持っていましたが新政府に没収《ぼっしゅう》され、一部は都市公園に転用されました。

ところがほどなくして、政府は近代的な政治体制の建設と祭政一致の両立は困難と判断し、国家の祭祀（宮中の祭祀）を神道とし、皇祖神《こうそしん》（天照大御神《あまてらすおおみかみ》）を祀る伊勢神宮を頂点として全国の神社を組織化する方針に切りかえます。

また当初は、江戸時代から続けてキリスト教を禁止していましたが、条約改正交渉で問題視されると西洋諸国から忠告を受け、1873（明治6）年にキリスト教の禁止を撤回したうえ、1875（明治8）年には信教の自由を認める通達を発します。

神道の国教化と同時に政府が進めたのが、天皇の神格化です。「天皇は天照大御神の子孫で、過去の幕府の将軍も天皇が任命したものであり、人民はすべて天皇に属する」との思想を民衆の間に広めます。そして、天皇みずから日本各地をめぐり（巡幸《じゅんこう》）、人々に天皇の存在を認識させました。新政府はさらに、天皇のために尽力した歴史上の人物を、民衆が見習うべき手本としてたたえます。その代表格が、14世紀の南北朝時代に後醍醐《ごだいご》天皇に仕えた楠木正成《くすのきまさしげ》です。現在の兵庫県神戸市には正成を祀る湊川《みなとがわ》神社が築かれました。

岩倉を変えた海外視察

新政府にとって目下《もっか》の重要な課題は、幕府が西洋諸国との間で結んだ不平等条約の改正でした。交渉のほか、西洋諸国の政治や産業などを視察するため、１８７１（明治４）年11月に、岩倉具視を特命全権大使とする遣欧米《けんおうべい》使節団（岩倉使節団）が派遣されます。新政府が発足して間もないながら、政府要人の半数あまりが約2年間にわたって国外に出るという大胆な施策でした。主な参加者は、木戸孝允、大久保利通、伊藤博文ら政府首脳をはじめ、各国への留学生など１０７人におよびます。留学生のなかには、２０２４（令和６）年発行の５千円札の肖像に採用された津田梅子《つだうめこ》の姿もありました。

横浜港を発った遣欧米使節団は、まず太平洋を横断してアメリカを訪問したのち、大西洋を横断してイギリスに渡り、フランス、ドイツ、ロシア、オランダほか12カ国を歴訪したのち、帰路は西洋諸国の支配下に置かれていたエジプト、インド、シンガポール、香港などの地域を経由して、1873（明治6）年9月に帰国します。

この間に使節団はアメリカ大統領グラント、イギリス女王ヴィクトリアほか、各国の要人と会見します。とはいえ、使節団は外交上のルールについての知識も不十分で、明治天皇からの全権委任状を持たずに出発し、大久保と伊藤が急いで取りにもどるという失態もおかしています。こうした杜撰《ずさん》さもさることながら、交渉相手の諸国とくらべて国力で劣《おと》り、国際的な影響力も弱く、不平等条約の改正交渉は進みませんでした。

それでも、新政府の首脳がみずから西洋諸国の文化や産業を目の当《ま》たりにした意義は大きなものでした。使節団は各国の造船所、被服工場、兵器工場、食品工場などを見学し、日本との国力差を実感し、帰国後は産業の振興に力を入れることになります。使節団のなかでも岩倉は保守的な価値観の持ち主で、視察に際して木戸や大久保らが髷《まげ》を切り洋服を着るようになっても公家の装《よそお》いのままでした。ただ、アメリカで奇異の目で見られ、留学していた息子から諭《さと》されて、ついに髷を切り落とします。それほど西洋諸国の文化に囲まれて過ごす体験の影響は大きかったのです。

日本の男子はすべて兵士に!?

遣欧米使節団が諸外国をめぐっている間、国内では太政大臣の三条実美《さんじょうさねとみ》をトップに、参議の西郷隆盛、大隈重信、土佐藩出身の板垣退助《いたがきたいすけ》らが政治を主導しました。これを留守政府といいます。三条は公家のなかでは格式の高い家柄でしたが、基本的には調整役に徹《てっ》し、新しい制度の導入や海外との交渉といった実務は西郷らが担当しました。

留守政府が行った代表的な政策が徴兵制の導入です。革命後のフランスでは徴兵制が定められ、組織された国民軍が攻め寄せた外国軍を退《しりぞ》けました。これにならい、日本も西洋諸国に対抗するために国民からなる軍隊を組織しようとしたのです。事実上の軍政のトップだった陸軍大輔《たいふ》の山縣有朋《やまがたありとも》のもと、1872（明治5）年11月に、満20歳に達したすべての男子は3年の兵役に就《つ》くことを命じる徴兵告諭《ちょうへいこくゆ》が発せられ、翌年1月に徴兵令が公布されます。当初、軍は兵部省の管轄《かんかつ》下に置かれますが、徴兵令の公布後、兵部省は陸軍省と海軍省に分割され、この体制は第二次世界大戦の敗戦まで存続します。

農家や商家だった大多数の国民にとって、徴兵令は働き手を奪うものでした。そのため、徴兵令に反対する大規模な一揆《いっき》が各地で起こります。徴兵検査に合格した満20歳の男子のうち、実際に徴兵されるのは抽選に当たった3分の1程度の人々でした。その一方で、一家の主やその跡継《あとつ》ぎ、官僚や学生については、代人料《だいにんりょう》といって一定の金額を納めることで徴兵をまぬかれることもありました。士族の間でも、戦いの専門家である自分たちが、平民とともに戦うことに対して反発の声が上がりました。

それ以前、1871（明治4）年には、廃藩置県による反乱に備えて、地方ごとに司令部となる鎮台《ちんだい》が設置（東京・仙台・大阪・熊本の4カ所。1873〈明治6〉年に名古屋と広島にも設置）されていました。

明治時代の陸軍は長州、海軍は薩摩の出身者が要職の大部分を占めます。海軍は当時の世界で最も強力な艦隊を有するイギリス式の制度をとり入れました。一方、陸軍は当初、江戸幕府の方針を引き継いでフランス式の制度をとり入れます。19世紀半ばまでのヨーロッパでは、かつてナポレオンが組織したフランス陸軍が最強とみなされていたからです。ところが、1870（明治3）年にプロイセン王国がフランス軍との戦争（普仏《ふっ》争）に勝利し、その翌年にプロイセン王国を中心としてドイツ帝国が成立したことから、日本の陸軍はドイツ式の制度をとり入れるようになります。

年貢よりきびしい新たな税制

江戸時代の年貢（税）は、農業生産の約半分（初期は年貢4割で民の取り分が6割の四公六民。のちに五公五民に改定）を現物で納めることになっていましたが、地域や年ごとの収穫量によって税収にばらつきがありました。

人口の約90％を農民が占めていた明治時代初期も、江戸時代と同様、税収の大部分は農地から得られる米をはじめとする農作物からとなります。そこで安定した税収を得ようと、新政府は土地に関する制度改革に乗り出し、1873（明治6）年に地租《ちそ》改正条例を公布します。

新政府は、江戸時代には制限されていた土地の売買と個人所有を自由化し、坪《つぼ》単位での地価を設定したうえで、地価の3％にあたる金額を地租として現金で納税するように定めます。3％という数値は、政府が五公五民で得られる税収を下回らない地租と地価の金額を算定したものです。そして納税者を把握するため、地主と農民に対して所有地の場所、面積、所有者の名、地価、地租額を記載した証書である地券を発行しました。しかし、農業生産は天候や作物の病害などによって不作の年もあるため、地価にもとづいて決まった税額を納めるのは農民にとって大きな負担でした。また、各地の村落には明確な所有者が決まっていない、共有地（入会地《いりあいち》）となっている山や野原も多く、こうした場所は近隣住民が自由に薪《まき》を集めたり、牛や馬を放牧したり、肥料《ひりょう》や飼料《しりょう》、山菜を採ることができました。ところが土地を所有する権利を明確にした結果、入会地の大部分は一方的に官有地か個人の私有地とされ、農民にとって不便になる事例も多発します。

さまざまな問題から各地で地租改正に反対する一揆が起こると、政府は農民の不満をやわらげるため、1877（明治10）年に税率を地価の2・5％に引き下げました。

〝国営〟ではない国立銀行？

初期の新政府で主に財政を司ったのは、大蔵大輔（大蔵省の次官）を経て大蔵卿となった大隈重信でした。大隈は地租改正によって財政を安定させるとともに、輸入を抑えつつ産業を振興することによって輸出を拡大し、赤字の原因である貿易収支を黒字化しようとします。

ただし、その前に大隈には解決すべき問題がありました。1868(慶応4)年から国内産業を振興する名目で大量に発行された太政官札《だじょうかんさつ》という紙幣《しへい》が、十分に流通せず価値が下落して、かえって経済は混乱し、政府は財政難に陥っていたのです。

そこで大隈は貨幣制度の整備にとりかかります。1871(明治4)年には新貨条例が制定されます。同年には造幣寮《ぞうへいりょう》(現在の造幣局)が創設され、貨幣の製造がスタートしました。西洋のコインは円形が一般的ですが、江戸時代までの日本の金属製の貨幣は楕円形《だえんけい》の小判《こばん》、長方形の一分銀《いちぶぎん》などが混在していました。これを円形の硬貨《こうか》に統一し、西洋諸国と同じ十進法による「円」「銭《せん》」「厘《りん》」の通貨単位(1円=100銭、1銭=10厘)を定めます。円という単位は、一説では西洋諸国との貿易を通じて清に流入した円形のメキシコドル銀貨が「銀円」と呼ばれたことに由来するといわれます。

大隈による太政官札と円の流通は、各藩がばらばらに発行していた藩札《はんさつ》の整理による通貨の統一とともに、民間の商工業を育成する意図がありました。このため、紙幣を発行し、民間企業に資金を融資する銀行の設立が進められます。1872(明治5)年には国立銀行条例が制定され、価値の裏づけが明確な国立銀行紙幣を発行する銀行が各地に成立します。この条例はアメリカのナショナル・バンク（国法による民間銀行）の制度にならったもので、〝国立〟は国営という意味ではありません。

銀行は設立順に番号が割り振られ、１８７３（明治６）年に日本初の銀行となる第一国立銀行（現在のみずほ銀行の源流の１つ）が開業します。１８７８（明治11）年には株式取引所条例にもとづき、東京株式取引所（現在の東京証券取引所）が開設されます。いずれの設立にも関わったのが、実業家の渋沢栄一《しぶさわえいいち》です。渋沢は幕臣から大蔵省の官僚に転じ、大蔵省を退官後は銀行のみならず、鉄道、電気、ガス、製紙など約５００社もの企業の設立に関わりました。さまざまな産業の育成に貢献したことから、「近代資本主義の父」と称され、２０２４（令和６）年発行の新紙幣の肖像に採用されました。

陸と海と通信でつながる国土

制度面だけでなく、日本の社会生活にも西洋の様式がとり入れられていきます。その象徴になったのが東京の銀座です。１８７２（明治５）年２月に銀座で大規模な火災が発生したのを機に区画整理が行われます。銀座通り沿いにレンガを用いた西洋風の建物が建てられ、街路樹が植えられ、ガス灯が設置されるなど、町の雰囲気は火災前から一変します。

この計画は大蔵大輔の井上馨と、その部下だった渋沢栄一が主導し、イギリス出身の建築家トーマス・ウォートルスらの協力を受け、フランスのパリを意識して整備されました。以後、銀座一帯は、大規模な呉服店、金融機関、新聞社などが立ち並びます。

同じ1872（明治5）年9月には、イギリス人技師のエドモンド・モレルらの協力により、東京の新橋と神奈川県の横浜まで約29キロメートルの区間で、日本初の鉄道が開業します。そ

れまで徒歩なら半日以上かかる道のりが、50分で移動可能となりました。これを皮切りに、各地の主要な都市間では鉄道網が整備されます。乗客のなかには車両を室内だと勘違《かんちが》いし、ホームで靴を脱いで乗り込む人もいたといいます。

鉄道を敷設するにあたっての計画づくりを担当したのは、大蔵省の官僚だった前島密です。前島は、郵便事業を全国に普及させる基礎を築いたほか、英語の「postcard」の訳語にメモ用紙代わりの木《こ》の葉《は》を指す「葉書《はがき》」という語句をあてはめ、「手紙」「小包」といった用語や、そもそも「郵便」という言葉も考案します。

郵便網の整備とともに東京と大阪を結ぶ蒸気船の定期航路も整備されます。土佐藩出身の実

業家で、三菱《みつびし》商会を設立して海運業を営んでいた岩崎弥太郎《いわさきやたろう》が業務を請け負《うお》うと、郵便物以外にもさまざまな貨物の輸送を担うようになります。

交通網・通信網の整備は、政府による商工業の振興（殖産興業《しょくさんこうぎょう》）と軍事輸送が大きな目的でしたが、同時に、政府の法令や布告がすばやく全土に伝わるようになります。

幕末期の開港以来、西洋諸国への日本最大の輸出品は生糸《きいと》でした。生糸の大量生産を進めるため、各地で近代的な技術を備えた官営の生糸工場がつくられます。その第1号となったのが、現在の群馬県富岡《とみおか》市にある富岡製糸場で、フランス人技師のオーギュスト・バスチャンが設計した蒸気機関を用いた繰糸機《そうしき》が置かれました。ところが、見慣れない西洋風の建物や機械、外国人をこわがり、当初は工員が集まりません。そのため、初代の工場長である尾高惇忠《おだかあつただ》は自身の娘をはじめ、近代的な労働者の手本として裕福な家柄の娘らを工員に迎え、工場のイメージ向上をはかっています。

生糸は主に、関東・中部地方で生産され、その主要な輸出港とされたのが神奈川県の横浜港でした。関東周辺では、生糸を輸出するため横浜にアクセスする鉄道網の整備が進みます。幕末期に開港場となる以前の横浜は、90戸ほどの民家があるだけの小さな村でしたが、生糸の輸出の拡大とともに急速に発展し、外国人居留地に居住する西洋諸国の商人を通じて、海外のさまざまな文化が流入しました。

こうした近代的な制度や産業が次々と生まれるなか、それを動かす人材の育成が課題となります。1872（明治5）年8月には学制が公布され、男女ともに義務教育が課されます。教育を管轄する文部省のもと、フランスの学区制度を手本として、全国に8つの大学区、各大学区の下に32の中学区、各中学区の下に210の小学区が割り振られ、それぞれに学校の設置が進められました。多くの学校は幕末までの藩校や私塾《しじゅく》から発展したものです。もっとも、多くの農家や商家では子どもも働き手だったため、1878（明治11）年時点の就学率は40％程度でした。

そして、1872（明治5）年12月に旧暦（太陰太陽暦）が廃止されます。同年は12月2日で終わり、翌日を1873（明治6）年1月1日として、以降は、西洋諸国と同じ新暦（太陽暦／グレゴリオ暦）が導入されました。また、西洋諸国の建国記念日や偉人の記念日にならい、2月11日を紀元節《きげんせつ》（初代の神武《じんむ》天皇が即位した日）、11月3日を天長節《てんちょうせつ》（明治天皇の誕生日）として祝日に定めました。日本では江戸時代まで国が定めた記念日はなく、国民に天皇の存在を印象づける政策の一環でした。

朝鮮をめぐり政府が二分

幕末期、新政府の首脳の多くは尊王攘夷派の志士でした。彼らに影響を与えた長州藩の儒学者である吉田松陰、松代藩《まつしろ》（現在の長野県北部）出身で儒学と蘭学《らんがく》を修めた佐久《さく》間象山《ましょうざん》らは、西洋のキリスト教文化圏に対して、隣国の清や朝鮮は日本と同じく儒教の価値観を共有する文化圏と認識し、アジア諸国の統一によって西洋諸国の脅威《きょうい》に対抗することを唱えていました。この考え方は新政府の首脳のなかでも意識されていました。

日本の幕末期、朝鮮国王だった高宗《こうそう》の父である大院君《たいいんくん》のもと、朝鮮は日本と同じく鎖《さ》国《こく》政策をとったことで、日本との外交関係が途絶えます。このとき、もし朝鮮が西洋諸国の支配下に入れば、日本の国土がおびやかされるため、その前に朝鮮を制圧すべきだという意見も出ましたが、実行に移されませんでした。

そもそも朝鮮の王家は清の皇帝に臣従する立場にあり、日本もそれを理解していました。朝鮮はその一方で、西洋の制度をとり入れて改革を進める日本を西洋諸国と同様の夷狄《いてき》（野蛮人《やばんじん》）として敵視するようになります。しかも、新政府がそれまで朝鮮南部の釜山《プサン》にあった倭館《わかん》（鎖国体制下に幕府の許可のもと対馬藩《つしま》が設けた外交施設）を大日本公館と改称しようとしたことから朝鮮との関係が険悪になり、交易が停止になります。

交易の停止に加えて、日本による釜山の公館への物資輸送を朝鮮側が妨害《ぼうがい》したことから、新政府内では朝鮮への反発が高まります。さらに、1873（明治6）年5月、釜山の日本公館の門前に、日本は「無法之国《むほうのくに》」であると記した侮蔑《ぶべつ》的な書が貼られました。留守政府の中心メンバーの1人だった板垣は、即座に朝鮮に出兵すべきだと主張します。ひとまず、西郷隆盛が使節として8月に朝鮮を訪れ、交渉が決裂した場合は朝鮮に出兵するという方針が確認されました。これを「征韓論《せいかんろん》」といい、その背景には、先にふれたように日本と近隣のアジア諸国を一体と考え、明治維新と同じ改革を近隣諸国にも広めるという意識がありました。加えて、武士階級の特権を解体した政府に不満を抱く旧武士（不平士族）の意識を外（海外）にそらすという思惑もありました。

ところが、西郷の派遣が決定した直後の9月、岩倉具視らの遣欧米使節団が帰国すると状況は一変します。海外視察で西洋諸国と日本の国力差を痛感した岩倉、大久保、木戸らが「内政の充実を優先すべきで、外国を攻めている場合ではない」と強く主張したのです。最終的に、明治天皇の判断によって西郷の朝鮮への派遣は見送られます。

すると、朝鮮への派兵を構想していた西郷、板垣、後藤象二郎、副島種臣、江藤新平ら留守政府の主要メンバーをはじめ、600人余りの官僚と軍人が辞職しました。この一件は「明治六年の政変」と呼ばれます。その後、下野《げや》した板垣、後藤、江藤らは政府を批判する立場をとり、政治の動きに影響を与えることになります。この政変は征韓論に加え、木戸や大久保ら長州・薩摩藩出身者と、板垣、後藤、江藤ら土佐・肥前藩出身者の対立が一因とする見方もあります。ただし、肥前藩出身の大隈は政府に残っており、必ずしも藩閥《はんばつ》

◉明治六年の政変の対立構図

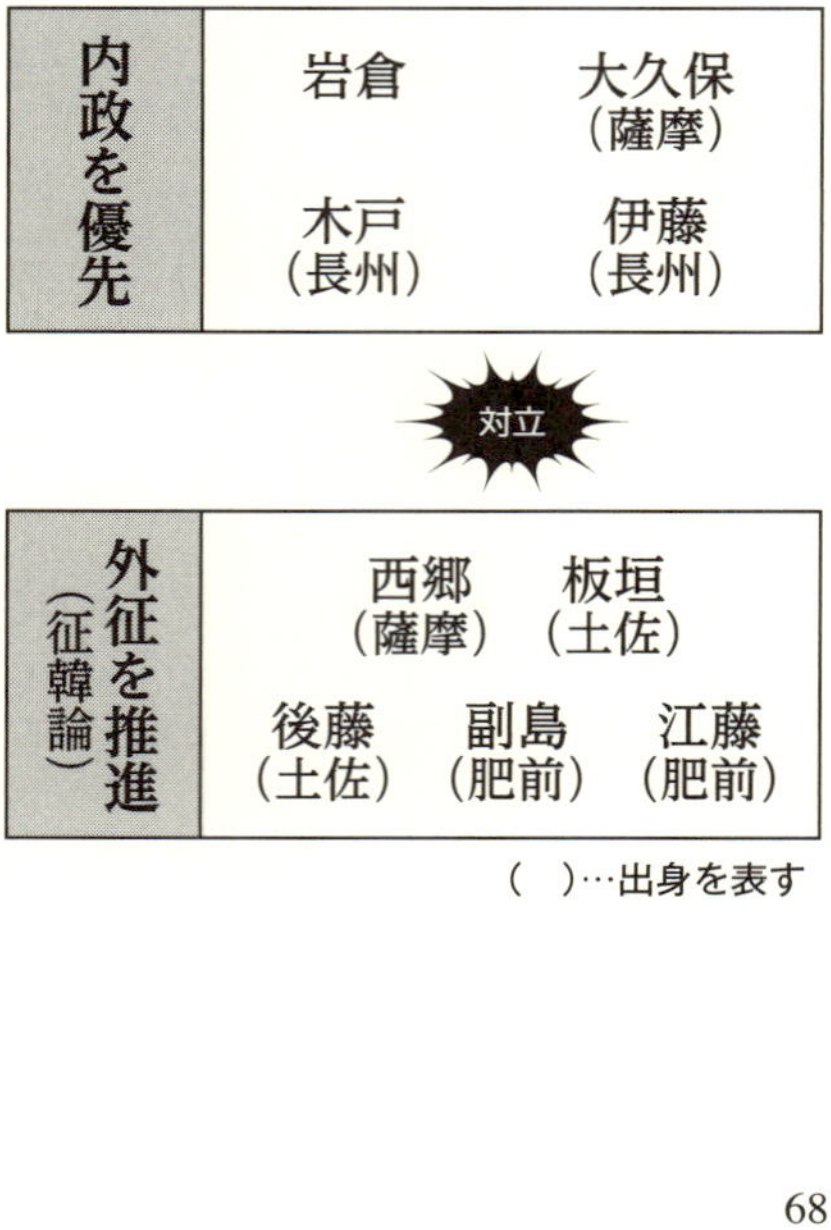

（　）…出身を表す

（出身藩による派閥）の対立のみでは語れません。

富国強兵への道

西郷らが下野したあと、1873（明治6）年11月に政府機関は再編され、新たに内務省が発足します。これは警察、商業、工業、地方行政、通信、交通など幅広い分野を担当する官庁です。大久保が初代の内務卿（内務大臣）となり（木戸孝允と伊藤博文が一時務める）、約5年間にわたって内政をリードします。

ちなみに、内務省の管轄下に警視庁が設置され、薩摩藩出身で大久保の腹心である川《かわ》路《じ》利良《としよし》が大警視《だいけいし》（現在の警視総監に相当）を務め、旧薩摩藩士を中心とした士族が警察官に採用されました。また、江戸時代に江戸の消火活動にあたっていた民間組織である町火消《まちびけし》は、東京府が成立すると消防組と改組され、1881（明治14）年以降、警視庁の管轄下に置かれます。東京府に続いて、1894（明治27）年以降、各地の知事のもとにも同様の組織が設置されていきました。

大久保らは産業の育成（殖産興業）をはかり、商工業の発展と軍事力の強化、すなわ

◉主なお雇い外国人

名前	分野	出身国	業績
ロエスレル	法学	ドイツ	大日本帝国憲法・商法の制定に貢献
ヴェルニー	産業	フランス	横須賀海軍工廠・横須賀海軍施設ドックの建設を指導
パーマー	産業	イギリス	横浜水道の建設、横浜港の近代化に貢献
マクヴェイン	産業	イギリス	大火に見舞われた銀座の復興計画に貢献
ページ	産業	イギリス	鉄道システム（ダイヤ・時刻表）の構築に貢献
ケプロン	産業	アメリカ	北海道の開拓事業を指導。ビールの原料として麦作を推奨
ブルックス	産業	アメリカ	トウモロコシや玉ねぎなど北海道の農作を指導
デ・レーケ	産業	オランダ	河川や港湾の設計・工事のほか、治水事業に尽力
メッケル	軍事	ドイツ	日本陸軍の軍制の近代化に尽力
ベルツ	医学	ドイツ	東京医学校の教員として近代医学を導入。明治天皇の主治医
モース	地理学	アメリカ	大森貝塚の発見。生物学や考古学の発展に寄与
ジョイナー	地理学	イギリス	気象庁・気象台の設置に尽力
ラフカディオ・ハーン	文学	イギリス（国籍）	東京帝国大学に英文学の教師として勤める。小泉八雲の名で帰化。
フォンタネージ	芸術	イタリア	工部美術学校の教員として西洋絵画の技法を指導
ビゴー	芸術	フランス	記録用の写生の指導。漫画・風刺画の寄稿
メーソン	芸術	アメリカ	伊沢修二とともに学校教育での音楽の導入に尽力

※本文に登場する人物は除く

ち「富国強兵」を推し進めるべく、技術者を育成するための学校、官立の工場、造船所などを建造するほか、鉱山を次々と開発します。同時に、すぐれた技能を持つ多数の西洋人を雇《やと》います。いわゆる「お雇い外国人」です。一説には約3000人ものさまざまな分野の専門家が来日したとされます。

この時期、かつて江戸幕府の要職に就いていた勝海舟が初代の海軍卿に就任し、榎本武揚が開拓使に採用されています。かつて敵対した旧幕臣であっても登用したのは、西洋の政治や軍事の制度について豊富な知識を持つ人材がそれだけ貴重だったからです。

琉球をめぐって清と対立

大久保や木戸らは征韓論を撤回させましたが、皮肉にも西郷らが政府を去ったのち、朝鮮との衝突が起こります。1875（明治8）年9月、現在の韓国の首都であるソウルの北西岸に位置する江華島《こうかとう》の付近で、日本の軍艦「雲揚《うんよう》」が測量を強行しました。島内の砲台と戦闘になると、雲揚は砲台を破壊し、近くの永宗島《えいそうとう》を一時的に占領しました。このできごとは、日本では江華島事件と呼ばれます。ちなみに、幕末期から日露戦争の時期まで、日本が保有する大型の軍艦の大部分は、西洋諸国から輸入したものです。

朝鮮側は妥協して日本との国交樹立に応じ、日朝修好条規（江華条約）を結びます。その内容は、朝鮮を清から独立した国家とみなしたうえで、日本側の領事裁判権（治外法権の一種。領事や公使が相手国にいる自国民の裁判を行う）を認め、朝鮮側の関税自主権を認めないものでした。これは日本が西洋諸国と結んだ不平等条約とほぼ同じ内容です。そして、朝鮮の釜山、元山《ウオンサン》、仁川《インチヨン》は開港場とされ、日本人居留地が築かれました。

政府は朝鮮との関係だけでなく、近隣諸国との外交問題にも直面します。

近代に入るまで、世界には国境や帰属先が不明確な地域が多数ありました。琉球《りゆうきゆう》（現在の沖縄県）もその1つでした。江戸時代は琉球王国であり、実質的に薩摩藩の支配下に置かれながら、清に服属するという特殊《とくしゆ》な立場にありました。アメリカから来航したペリーは日本の江戸幕府と別個に、1854（嘉永《かえい》7）年に琉球と琉米修好条約を結んでいます。

江戸幕府が倒れたのち、新政府は1871（明治4）年7月の廃藩置県で、琉球王国を鹿児島県の一部とします。同時期、清との間で日清修好条規を結びます。これは相手国に駐在《ちゅうざい》する公使による領事裁判権と、低い関税率を相互に認める変則的なものでしたが、幕末期以降に日本が初めて外国と結んだ対等の外交条約です。

ところが、日本と清の関係をゆるがす事件が起こります。日清修好条規を結んで間もない11月、琉球王国に属する宮古島《みやこじま》の島民が清の領土であった台湾に漂着し、現地住民に殺害されたのです。日本は抗議しますが、清側は事件に関与した台湾住民は生蕃《せいばん》（皇帝に従わない原住民）であるという理由で責任の所在をあいまいにします。業《ごう》を煮《に》やした新政府は琉球を明確に日本の一部とする方針をとり、翌年、明治天皇が琉球国王の尚《しょう》泰《たい》に華族の地位を与えたうえで琉球藩を設置します。この一方的ともいえる日本側の措置に、清は琉球の支配権を主張して日本側と対立しました。

事件はその後も尾を引き、日本と清の間で緊張が高まるなか、政府は台湾に出兵する決定をくだしたものの、イギリスとアメリカが出兵に批判的な態度を示すと、政府は出兵の中止を通達します。しかし、陸軍中将の西郷従道《つぐみち》（西郷隆盛の弟）は兵たちの暴発をおそれ、１８７４（明治７）年、独断で兵を率いて台湾に向かいました。これは近代の日本で最初の海外派兵となります。

西郷は台湾をあっさりと占領します。その後、清との間で交渉が行われ、北京《ペキン》に派遣された大久保は「琉球住民は日本臣民である」と強く主張しました。最終的に、清に駐在するイギリス公使のトーマス・ウェードの調停もあり、清は日本側の主張を認め、賠償金《ばいしょうきん》を支払うことで決着します。清が琉球の住民は日本人であると認めたことから、〝琉球は日本の一部〟と間接的に清は認めたことになります。

◉琉球処分

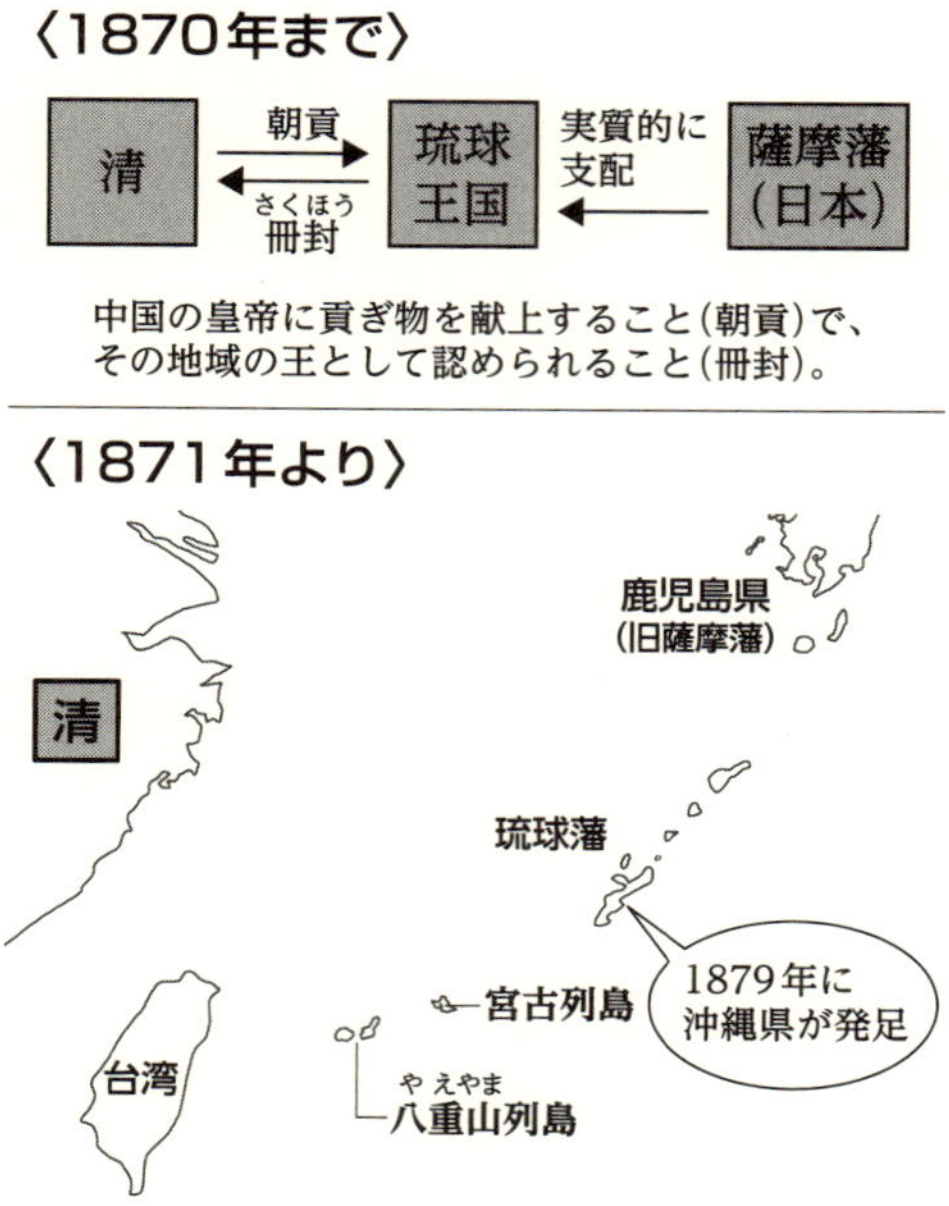

次に、日本政府は琉球藩に清への朝貢《ちょうこう》を廃止して、日本に帰属するよう求めます。琉

球側は抵抗の意思を示しますが、1879（明治12）年、日本政府は軍と警察を派遣して王府を押さえたうえ、琉球藩を廃止し、沖縄県を設置しました。琉球藩の設置から沖縄県の設置までは「琉球処分」と呼ばれます。ただし清は、日本が琉球を支配下に置いたことを認めず、アメリカ前大統領グラントに調停を依頼《いらい》します。日本は交渉に応じたものの、物別れに終わり、沖縄とその周辺の島々を含めた帰属先の決着は先送りとなります。

日本人に組み込まれたアイヌ

琉球と同じく、北海道の周辺も帰属が未確定でした。江戸幕府は1854（安政元）年にロシアと日露和親条約を結び、蝦夷地（のちの北海道）の北に連なる千島列島のうち、択捉《えとろふ》島より南は日本領、得撫《うるっぷ》島より北はロシア領と定めました。ただ、樺太については帰属を明確にせず、日本人とロシア人が雑居する土地としています。

新政府は蝦夷地を「北海道」と改称し、戸籍法が成立すると、先住民であるアイヌを日本国民に組み入れます。アイヌの戸籍は1875（明治8）年から翌年ごろに整備され、戸籍上は日本人と同じく漢字で表記する和名を名乗ることが義務づけられました。

それより少し前にあたる1874（明治7）年から、政府は国防と開拓を兼ねて屯田兵《とんでんぺい》を入植させ、交通網の整備や鉱山の開発を進めます。日本の本土からの移住者が増加すると、アイヌは農地や漁場を失い、本土から来た商人のもと低賃金で働かざるを得なくなりました。そのため政府は、1899（明治32）年に北海道旧土人保護法を定め、アイヌに対して土地を給付しますが、農耕や生活に適さない土地もあり、救済策《きゅうさいさく》としては不十分でした。この法令は、表向きはアイヌの救済を目的としていましたが、アイヌを自分たち（和人《わじん》）に同化させ

◉日露の国境

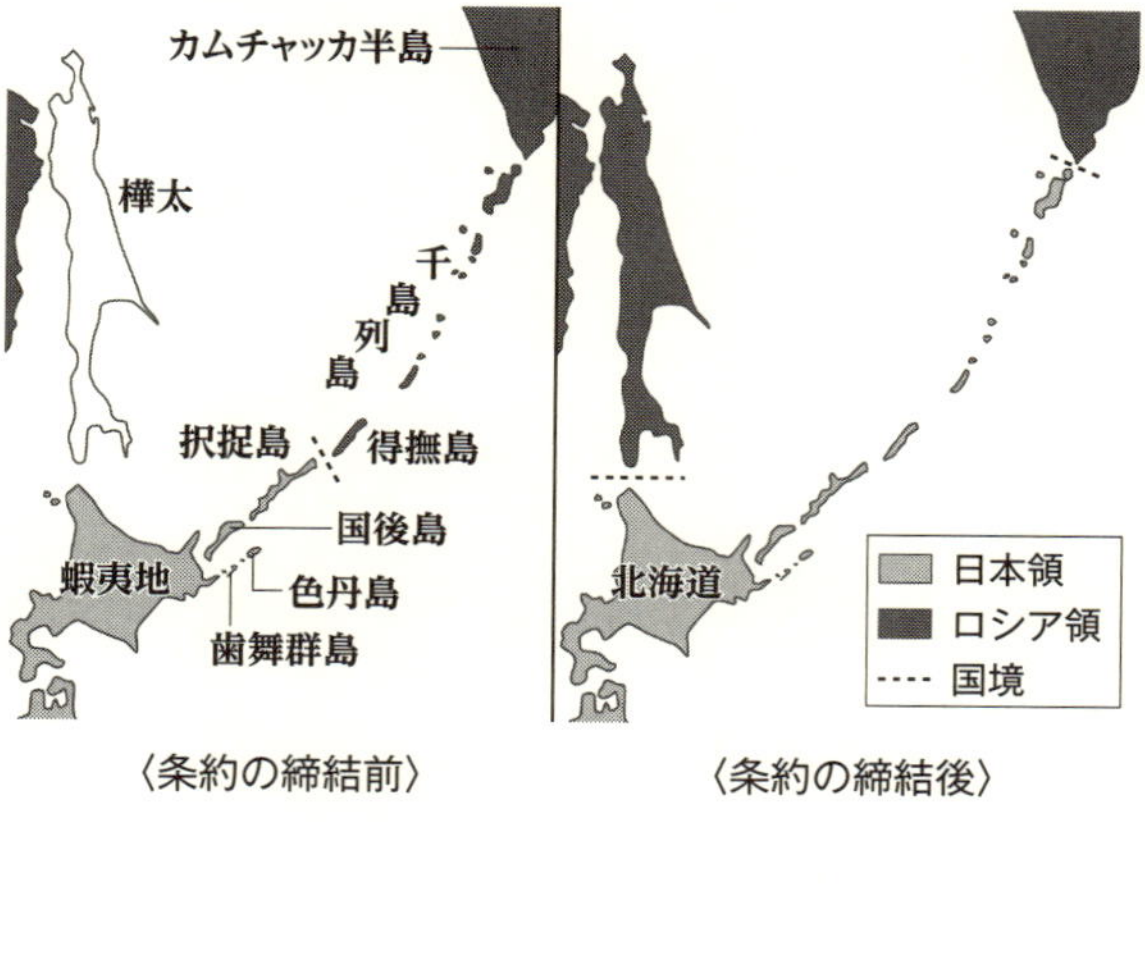

〈条約の締結前〉　〈条約の締結後〉

ようという政府の方針がありました。

帰属が明確でなかった樺太では、日本人とロシア人がたびたび衝突していました。そこで新政府はロシアと交渉を進め、1875（明治8）年に樺太・千島交換条約を結び、日本は樺太を放棄する代わりに、ロシア領だった18の島からなる千島列島を獲得しました。なお、この条約には、21世紀現在でロシアの実効支配下にある北方四島（択捉島、色丹島《しこたん》、国後島《くなしり》、歯舞群島《はぼまい》）は含まれていません。北方四島は、江戸時代後期から実質的に日本が領有していたからです。

自由民権運動のはじまり

明治六年の政変で下野した板垣、後藤、副島、江藤らは、1874（明治7）年1月に、国民が参加する議会の設立を求める「民撰議院《みんせんぎいん》設立建白書」を政府に提出します。このなかで板垣らは、有司《ゆうし》専制《せんせい》（少数の藩閥官僚が権力を独占していること）を強く批判したうえ、五箇条の御誓文で示された公論（幅広い世間の意見）をとり入れるためとして、民選議院（国民の選挙による議会）の設立をうったえました。

この建白書は国民の政治参加を求める自由民権運動の発端《ほったん》となり、薩摩藩・長州藩出身者を中心とする藩閥支配に反発する不平士族や、一般の平民にまで支持者が広がっていきます。ただし、自由民権運動を含め、当時の政府への批判には、議会の開設という近代的な面と、急激に西洋文化を導入しつつ旧来の武士の特権をないがしろにする政府への反発という復古的な面とが複雑に入り混じっていました。

郷里の佐賀県に帰った江藤は、征韓論を支持する不平士族たちのリーダー格となり、西洋文化を敵視する憂国党《ゆうこくとう》という不平士族の団体と連携して、1874(明治7)年2月に反乱を起こします。憂国党を率いた島義勇《しまよしたけ》は、佐賀出身で北海道の開拓に尽力したことで「北海道開拓の父」と呼ばれる人物です。江藤は同じく政府から下野していた西郷との連携をはかろうとしますがそれが果たされないまま、反乱軍は熊本鎮台の兵によって壊滅《かいめつ》させられ、江藤と島は処刑されました。これを佐賀の乱といいます。

民選議院開設を求める動きと不平士族の政府批判が激化するなか、大久保は自身と対立して下野していた板垣と木戸を復職させ、彼らと協議のうえ、翌1875(明治8)年4月に「立憲政体樹立の詔《みことのり》」を発布します。これは憲法にもとづいて天皇と政府の権限を定める方針（立憲政体）を示し、立法府として約30人の議官が法律の制定を話し合う機関である元老院、最高裁判所にあたる大審院、そして地方官会議の設置を明文化したものです。しかし、国民が参加する議会を設立する時期は未定とされました。

日本最後の内戦

1876（明治9）年3月、政府は身分制度の解体と治安維持の面から廃刀令《はいとうれい》を発して、警察官と軍人以外の帯刀を禁止します。これは、士族にとって武士としての誇《ほこ》りを奪われることを意味しました。続いて8月には、政府は士族に支給していた秩禄を廃止し、代わりに支給額の5～14年分にあたる金禄公債《きんろくこうさい》証書を発行しますが、得られる収入は少額でした（秩禄処分）。このため、大部分の士族は実質的に失業状態となり、農業に転ずるか、または商売を始めざるを得なくなります。

政府の施策に士族の反発はますます高まり、同年中に熊本県で神風連《しんぷうれん》（敬神党《けいしんとう》）の乱、山口県で萩《はぎ》の乱、福岡県で秋月《あきづき》の乱といった不平士族による反乱が続発します。参加者のなかには、幕末期に尊王攘夷運動に関わっていた者も少なくありませんでした。政府が開国と西洋文化の導入を進めることは、彼らの目には裏切り行為に映ったのです。

政府が最も警戒していたのは西郷隆盛でした。このころ西郷は郷里《きょうり》で農作業のかたわら、鹿児島県令の支援のもと私学校で人材を育成していました。その最中、私学校の生徒たちが大警視の川路利良が送り込んだ密偵《みってい》を捕《とら》え、政府による西郷暗殺計画の疑惑が発覚します。西郷の腹心の桐野《きりの》利秋《としあき》（元・熊本鎮台司令官）ら、鹿児島県内の不平士族は政府への不満を強く主張し、西郷は指導者として担《かつ》がれる形で、1877（明治10）年1月に挙兵して東京へ向かおうとします。

新政府は反乱を鎮圧《ちんあつ》するため、大久保の総指揮のもと、陸軍と警察官からなる約10万人もの兵を動員します。そのなかには、旧幕臣や徴兵された農民も多数含

そのころ、世界では？

1876年、アジアで初の憲法が制定

西洋諸国に対抗すべく、オスマン帝国の宰相《さいしょう》ミドハトが中心となり、アジア初となる憲法が制定されます。しかし2年後、憲法に反発する保守派により、ロシアとの戦争を口実に憲法は停止されました。

まれていました。

西郷軍は北上して南九州一帯にまで戦線を拡大させましたが、鎮台が置かれている熊本城を攻め落とせず足止めをくううち、陸軍参謀だった山縣有朋らが率いる政府側の援軍が到着すると敗走を続け、9月に西郷は城山《しろやま》（鹿児島県鹿児島市）で自決します。49歳でした。指導者を失い、反乱は間もなく終結しました。

この西南戦争は最大にして最後の不平士族の反乱であり、日本国内で最後の内戦になります。江戸時代まで戦闘の専門職とされていた旧武士を中心とする西郷軍に対し、徴兵された民衆を主体とし、近代的な組織と最新の兵器を備えた政府軍が勝利したことで、名実ともに〝武士の時代〟は終わったといわれます。

死後の西郷は逆賊《ぎゃくぞく》として官位を剥奪《はくだつ》されます。それでも明治天皇をはじめとして、西郷の勇猛《ゆうもう》さや無欲な人柄《ひとがら》を慕《した》う人は多く、のちに大日本帝国憲法が発布された際、西郷は名誉を回復され、改めて官位を追贈《ついぞう》されるのでした。

明治時代の偉人❶

日本の産業革命の先駆者

臥雲辰致

Gaun Tatsumune

1842(天保13)～
1900(明治33)年

発明品の特許保護の先例をつくる

明治時代初期には、政府による西洋の工業技術の輸入とは別に、独学で産業の革新を進めた民間人がいました。臥雲辰致《がうんたつむね》もその１人です。

現在の長野県安曇野《あずみの》市の出身で、親は足袋《たび》の製造販売業を営んでいました。1873（明治６）年に手動式の紡《ぼう》績機《せきき》を発明し、1877（明治 10）年の第１回内国勧業《ないこくかんぎょう》博覧会に出品して最優秀の賞を獲得します。これはガラガラという作動音から「ガラ紡《ぼう》」と呼ばれ、簡易な構造なので広く普及し、綿製品の生産量を拡大させました。

ところが、無許可の模造品が多く出回って臥雲は十分な利益が得られず、農商務省に権利の保護を求めます。これが、日本に特許制度が定着するきっかけとなります。

明治時代後期になると、大規模な紡績工場が増え、手動の紡績機はすたれましたが、臥雲の業績は当時の高等小学校の教科書にも取り上げられました。

第二章
自由民権運動の激化

「維新の三傑」が去って

西南戦争の最中の1877（明治10）年5月、新政府内における長州《ちょうしゅう》出身者のリーダーだった木戸《きど》孝允《たかよし》が病で倒れ、症状が改善しないまま43歳で急死します。木戸は最期まで、西南戦争を起こした西郷隆盛《さいごうたかもり》と物別れになったことを悔《く》やんでいたといいます。

木戸とともに新政府の主導的な立場にあったのが、内務卿《ないむきょう》の大久保《おおくぼ》利通《としみち》です。その大久保も1878（明治11）年5月、不平士族らに襲撃され、47年の生涯《しょうがい》を終えました。

大久保は、征韓論《せいかんろん》を批判して西郷が下野《げや》して以降、地租《ちそ》改正《かいせい》や徴兵令《ちょうへいれい》に反対する一揆《いっき》の鎮圧《ちんあつ》、廃刀令《はいとうれい》や士族への俸禄支給《ほうろくしきゅう》の廃止など、強権的に政策を押し進めたため、不平士族をはじめ、多くの民衆からもうらみを買っていたのです。ただ、私腹《しふく》を肥《こ》やすことはなく、むしろ国家事業に私財を投じ、死後に多額の借金が発覚しています。土佐《とさ》出身の中江兆民《なかえちょうみん》が留学するための支援に気前よく応じてもいます。中江は後年、フランスの思想家ルソーの『民約論』を翻訳《ほんやく》し、のちに自由民権運動の指導者となる人物です。

土佐《とさ》出身の板垣退助《いたがきたいすけ》らによる民撰議院《みんせんぎいん》（国会）を設立する要求に、大久保を中心とする政府は応じませんでしたが、イギリスを手本にした議会政治の導入を考えていました。1878（明治11）年7月に公布された府県会規則は、大久保の置きみやげといえるもので、国会に先立つ国民の政治参加の場として、公選された議員による地方議会である府県会を設置する法律です。しかし、府県会議員の選挙権は地租を年間5円以上、被選挙権は地租10円以上を納めた人に限られました。明治時代初期、官営富岡製糸場の新人の工員の月給が75銭（0・75円）だったことを考えると、庶民にとっては高額です。この府県会規則は、町村の自治を認めた郡区町村編制法、地方税の細目《さいもく》を定めた地方税規則とともに「地方三新法」と呼ばれます。

後世において「維新《いしん》の三傑《さんけつ》」と呼ばれる西郷、木戸、大久保の相次ぐ死により、以降は公家出身の岩倉具視《いわくらともみ》、長州出身の伊藤博文《いとうひろぶみ》、井上馨《いのうえかおる》、山縣有朋《やまがたありとも》、薩摩《さつま》出身の黒田清隆《くろだきよたか》、松方正義《まつかたまさよし》、肥前《ひぜん》出身の大隈重信《おおくましげのぶ》らが新政府を主導し、政治を動かしていきます。

どんな憲法と議会をつくるのか

西南戦争が起こる2年前、議会の開設を唱《とな》える板垣は参議に復帰し、立憲政体樹立の詔《みことのり》が発せられました。しかし、板垣は政府内で十分な賛同を得られなかったため再び下野し、民間の政治団体である愛国社を設立して自由民権運動を進めます。

板垣と同じ土佐出身の植木枝盛《うえきえもり》は、1879(明治12)年に民権自由論を発表します。平易な文体で「国家は人民の自由と権利を守るべき」と説き、士族のみならず農村などの平民層にも自由民権運動の支持者を増やしていきました。このとき植木は22歳で、植木のように若い世代にも政治参加を求める声がすでに広まっていたのです。

翌年には、同じく土佐出身の片岡健吉《かたおかけんきち》が中心になって愛国社を発展させた国会期成同盟が発足し、国会の開設を求める約10万人分もの署名を集めます。片岡らは集まった署名を明治天皇に提出しようとしましたが、政府に受け取りを拒否されました。

自由民権運動が全国に拡大する過程で、政府は集会条例を制定し、政治集会の事前の届け出を義務づけ、屋外での集会を禁止したほか、監視役の警察官に集会を解散させる権限を与えました。集会が制限されると、代わりに民権派（自由民権運動の支持者）により、多様な「私擬《しぎ》憲法」（民間人による憲法案）がつくられます。たとえば、小学校教師の千葉《ちば》卓三郎《たくさぶろう》による「日本帝国憲法」（五日市《いつかいち》憲法草案）は、現在の日本国憲法と同じように国民の権利の保障を定めた先進的な内容でした。

ところで憲法とは、国家権力の範囲を明文化して制限するものです。けれども、政府内では当初、岩倉をはじめとした公家出身の華族や、明治天皇の教育係を務めた儒学者《じゅがくしゃ》の元田《もとだ》永孚《ながざね》ら保守派が、天皇が政治を主導する親政を望んでおり、憲法を定め、君主（天皇）の権力を制限する政治体制（立憲君主政）に強く反発していました。

それでも不平等条約の改正交渉を進めるには、西洋諸国に対して日本が近代的な法治国家であることを示す必要があり、政府内の保守派も憲法の制定に同意します。そうして明治天皇の命令を受け、有栖川宮熾仁《ありすがわのみやたるひと》親王を中心に『日本国憲按《こっけんあん》』という憲法案が1876（明治9）年から1880（明治13）年の間に三度にわたってつくられます。行政権は天皇に属し、議会は二院制で、華族や政府の功労者で構成される元老院が、民間から選出された議員で構成される議院より大きな権限を持つという内容でした。しかし、この憲法案は政府内で議論を重ねた末、廃案となります。

政府のなかでも、大隈重信は民権派に近い考えを持っていました。フランス革命のような急激な変化を経ず、段階的に国民の権利を拡大してきたイギリスと同様の方針をとるべきだと考え、イギリスの政治体制を参考にした憲法案と、2年後の国会の開設を有栖川宮熾仁親王に提案します。これに対し、岩倉、伊藤、井上らは、君主（皇帝）の権限が大きいドイツを参考にした憲法案を主張しました。

スキャンダルの火消しで国会開設？

早期の国会開設を唱える大隈と、これに反対する岩倉、伊藤、井上らが対立するなかの1881（明治14）年7月に報じられた事件が世間の注目を集めます。

政府は開拓使《かいたくし》を通じて、北海道で新たな事業を興すなどの開発を進めており、いずれは開拓使を廃止する方針でした。ただ、開拓使の長官だった薩摩出身の黒田清隆は事業の成果が不十分であるとして、廃止期限の延長を大蔵卿《おおくらきょう》だった大隈にうったえます。しかし、資金難を理由に拒否されます。

そこで黒田は、開拓使の幹部らに開拓使に属する工場や農場、鉱山などの資産を払い下げ、民営の形で開拓使の業務を継続させようと考え、自身と同じ薩摩出身で政府首脳との関係が深かった実業家の五代友厚《ごだいともあつ》に、開拓使の資産の査定を依頼《いらい》します。資産は約300万円の価値があると見込まれたものの、開拓使の幹部らにそれだけの金額を払う余裕がなかったため、約38万7000円という低い金額で払い下げられます。

五代は査定などに協力したのみで不当な利益は得ていませんでした。それでも、民権派は「薩摩閥と政商の癒着《ゆちゃく》による官有物の私物化だ」と主張したことで、政府を批判する世論が一気に高まります。これを「開拓使官有物払い下げ事件」といいます。伊藤や岩倉らは、大隈が民権派に払い下げの情報をもらし、政府批判をあおったと疑いました。

結局、払い下げは取り消され、黒田は開拓使の長官を辞職します。同時に、国会開設や憲法制定をめぐって伊藤、岩倉らと対立していた大隈も政府を追われます。大隈と同郷の者や大隈を支持する官僚が政府を去ったことで、政府の要職のほとんどは長州・薩摩の出身者が占めることになりました。けれども国民の不満は収まりません。そこで天皇は1881(明治14)年10月に「国会開設の勅諭《ちょくゆ》」を発し、1890(明治23)年に国会を開設することを明言します。一連のできごとは「明治十四年の政変」といいます。

　このころ、板垣や植木ら主に土佐出身の民権派は、国会への参加を念頭に置き、フランスの議会や法制度を参考にした急進的な改革を唱える「自由党」を結成し、地方の中小規模の農民の間で支持されていました。一方、大隈はイギリスの立憲君主政をモデルに、自由党よりゆるやかで段階的な改革を唱える「立憲改進党」を結成し、都市部の商工業者や下級の公務員らに支持を広げました。

　民権派に対し、『東京日日《にちにち》新聞』を経営する福《ふく》地《ち》源一郎《げんいちろう》（福地桜痴《おうち》）は、政府を支持する勢力（国権派）による立憲帝政党を結成しますが、規模は小さく1年で解散します。

◉政党の変遷（1874～1882年）

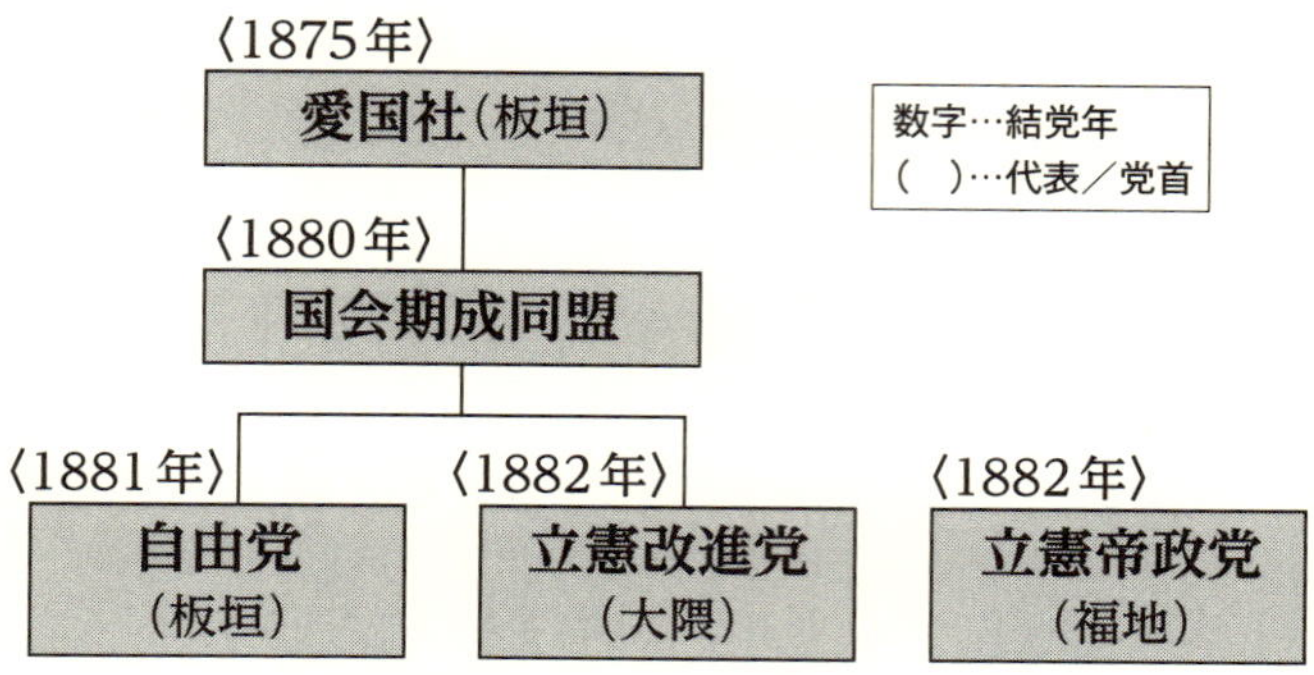

こうした動きと並行して、国会の開設と憲法の制定に向けて政府は動き出します。1882（明治15）年、伊藤は諸外国の憲法と政治体制を知るためにヨーロッパに渡り、とくに君主である皇帝の権限が大きいドイツと、オーストリア＝ハンガリー帝国の憲法を調査します。伊藤は帰国後の1884（明治17）年に宮内卿《くないきょう》となり、宮中に制度取調局を創設してその長官を務め、憲法や立憲君主政に関する制度の整備に着手します。

伊藤が帰国する直前、岩倉が病に倒れ、急死します。岩倉は、保守派の皇族や公家出身の華族と、西洋諸国にならって近代国家の建設を進める長州・薩摩出身の士族らとの間に立ち、両者の関係を調整する役回りだったといえます。明治天皇は岩倉の生前の功績に報《むく》いて太政大臣《だじょうだいじん》の位を贈《おく》りました。

軍人の政治参加にくぎを刺す

政府にとって、憲法の制定や民権派への対応とともに、軍の統制も大きな課題でした。当時の軍隊はまだ、天皇に対する忠誠《ちゅうせい》が確立されていなかったからです。1878（明治11）年には、西南戦争に参加した近衛《このえ》砲兵《ほうへい》隊の兵が軍功への恩賞が不十分だと主張して暴動を起こしましたが、ほどなく鎮圧されます（竹橋《たけばし》事件）。

この事件後、陸軍卿である山縣の名で「軍人訓戒《くんかい》」が発布されます。軍人に忠実、勇《ゆう》敢《かん》、従順であることや、天皇の絶対的な神聖性を説いたもので、哲学者の西周《にしあまね》が起草しました。西はオランダ留学の経験があり、西洋の思想に通じ、開成所《かいせいじょ》（東京大学の源流になった幕府の学校）の教授を経て、明治天皇の教育係を務めました。

また陸軍は、ドイツ軍の制度を手本に参謀《さんぼう》本部を設立します。当時ほとんどの近代国家では、軍の最高指揮権は文民である政府閣僚（首相や防衛大臣など）の下に置かれていました。これを文民統制（シビリアン・コントロール）といいます。しかし、日本の参謀本部は政府から独立した天皇直属の機関とされ、政府の介入を受けることなく、国防の計画や作戦を立案できる大きな権限を持ちました。これは後年、軍が政府の意向を無視して独断で作戦の立案や軍事行動を起こす要因になります。

1882（明治15）年には、軍人訓戒を発展させた「軍人勅諭」が、明治天皇が陸・海の軍人に呼びかける形で公布されます。天皇が軍の統帥権《とうすいけん》（最高指揮権）を持つことが明言されており、のちに成立する大日本帝国憲法でも明記されます。軍人勅諭には

「政論に惑《まど》わず政治に拘《かか》わらず」という軍人の政治介入をいましめる一文があり、これは軍人が自由民権運動と結びついて反乱を起こしたり、上官に反抗したりすることを警戒した山縣の命令で盛り込まれたといいます。

インフレから一転してデフレ

明治十四年の政変の前、政府は西南戦争の軍事費、工業製品の輸入、工場や学校の建設費、お雇い外国人の給与の支払いなどで財政が苦しくなり、大量の紙幣《しへい》を発行します。これは価値の裏づけがない不換《ふかん》紙幣だったため、紙幣の価値が下がり、物価が上昇するインフレーションが起こりました。当時、大蔵大輔《たいふ》・大蔵卿を務めるなど財政を主導していた大隈重信は、外債《がいさい》（政府が外国に借金する場合に発行する証券）による財政の改善を提案します。とはいえ、日本に出資した外国がそれを口実に日本の内政に介入してくる危険性があったため、政府内で大隈の提案は却下され、インフレは続きます。

こうした状況で明治十四年の政変が起こると、大隈とその後任を務めた佐野常民《さのつねただ》は下野し、薩摩出身の松方正義が大蔵卿となります。松方は方針を一変させ、政府の支出を引き締める緊縮財政を進めたほか、酒税、煙草《たばこ》税、地方税など新たな税を設け、大量の不換紙幣を回収して財政の健全化をはかります。これは「松方財政」と呼ばれます。

松方はさらに、中央銀行の設立を進めます。中央銀行は政府が物価の安定をはかるため、紙幣の発行や民間銀行への資金の供給などを行う機関で、すでに多くの西洋諸国が導入していました。1882（明治15）年に制定された日本銀行条例にもとづき、唯一《ゆいいつ》の中央銀行である日本銀行が設立され、紙幣の発行を担《にな》います。これ以前に発行された紙幣は1899（明治32）年に通用停止とされ、紙幣は日本銀行が発行する日本銀行券に統一されました。また、日本銀行は、同じ額面の銀貨を価値の裏づけとする兌換《だかん》紙幣（金貨や銀貨と交換可能な紙幣）の発行に向けて準備を整えていきます。

1885（明治18）年に日本銀行が初めて発行した十円札は兌換紙幣であり、商売や農業の神とされる大黒天《だいこくてん》の図柄《ずがら》が使われたことから大黒札《だいこくさつ》とも呼ばれます。なお、発行は日本銀行ですが、製造は大蔵省が管轄《かんかつ》する印刷局（現在の国立印刷局）が担いました。

同年5月には、通貨の発行量を国が保有する銀の量と時価に対応させて、通貨の価値の裏づけとする銀本位《ぎんほんい》制を導入します。銀よりも金のほうが価値が安定しているので、松方は金本位制を望んでいましたが、そのために必要十分な量の金を入手するだけの財源がなかったため、銀本位制となったのです。それでも、市場に流通する紙幣は、銀兌換券（一定量の銀と同じ価値を持つ紙幣）となり、紙幣の価値は安定していきます。

日本銀行券の流通と不換紙幣の整理によって円の価値は上昇しました。ところが紙幣の価値が上昇したことにより、今度は一転して、物価が下落するデフレーション（デフレ）に陥ります。その影響はとくに米の価格の下落という形で現れ、稲作を営む農家の収入は激減します。主要な輸出品である生糸《きいと》の価格まで下落したことから、農業のかたわら生糸の生産に関わっていた手工業者の収入も激減しました。

生活が苦しくなった農民は所有する農地を地主に売り、その下で働く小作人《こさくにん》になったり、都市に移って工場や商店で働き口を探したりしました。現金収入を得るため、後継《あとつ》ぎとなる長男以外の男子や、女子を工員として出稼《でかせ》ぎに出す農民も増えます。こうした人々が明治期の商工業を支えていくことになります。

ちなみに、官庁の会計年度（1年間の会計の区切りの時期）が毎年4月～翌3月と定められたのも松方が大蔵卿のときで、学校の学期（4月入学、翌年3月卒業）にも適用されます。それまで会計年度は7月～翌年6月でしたが、1885（明治18）年度の政府支出は大幅な赤字が見込まれたため、松方は会計年度を3月までに変更し、前年7月からの9カ月間で1年分とすることで、赤字となるのを避けたといわれます。

迷走する民権運動

国会開設の決定後、自由民権運動はますます活発になります。1882（明治15）年4月、岐阜県で演説中の板垣が民権派を敵視する暴漢に襲撃されます。このとき板垣は「板垣死すとも自由は死せず」とさけんだと報じられましたが、後年、このときのことを「あっと思うばかりで声も出なかった」と語ったともいいます。

同年11月、板垣と後藤象二郎《ごとうしょうじろう》は、伊藤と同じく西洋諸国の憲法と政治体制を調べるために渡欧《とおう》します。その資金は後藤が三井《みつい》財閥（本章で後述）から提供されたものでしたが、大隈が率いる立憲改進党から板垣と後藤は非難されます。すると、今度は自由党を支持する新聞が、立憲改進党が政府と関係の深い三菱《みつびし》財閥（本章で後述）の協力を受けていたことを暴露《ばくろ》します。自由党と立憲改進党の間ではげしい論争が起こり、両党とも離反者が相次ぎました。しかも、デフレの影響で両党の支持者ともに経済的な余裕がなくなったため、両党は十分な活動資金が得られなくなりました。

一方で政府は民権運動をきびしく弾圧します。福島県では、薩摩出身の県令である三島通庸《みしまみちつね》が大規模な道路工事に農民の動員を強行し、これに抵抗する自由党員の河野広中《こうのひろなか》らを逮捕《たいほ》しました（福島事件）。また、一部の自由党員はデフレのため生活に苦しむ農民とともに政府要人の襲撃をはかり、警官隊と衝突します（群馬事件・加波山《かばさん》事件）。埼玉県では、自由党と農民らが連携した秩父《ちちぶ》困民党が自治政府の樹立を宣言し、約1万人もの農民が参加したものの、警察と軍隊に鎮圧されます（秩父事件）。

これらは自由民権運動が士族だけでなく民衆に浸透した証ともいえますが、過激な行動への世間の反発は強く、資金難もあって自由党は活動休止に追い込まれます。

うまくいかない近隣国との連携

国内だけでなく同時期には、近隣の国々との関係も不安定になります。

中国王朝の清《しん》は1860年代から西洋の技術や制度をとり入れ、近代的な軍隊、工場、交通網の構築に着手していました。これを洋務運動といい、皇帝から強い権限を与えられた北洋《ほくよう》大臣の李《り》鴻章《こうしょう》が担っていました。1874（明治7）年の台湾出兵のあと、日本との武力衝突を意識して軍備を強化し、西洋諸国から購入した最新鋭《さいしんえい》の軍艦による北洋艦隊が組織されます。ただし、清の政府内には洋務運動に反発する保守派も根強く、改革は清全体にはおよばず、北洋艦隊は李鴻章の私兵のような存在でした。

　当時の朝鮮政府でも、改革派と保守派が争っていました。政務の実権を握る閔妃《びんひ》とその一族を支持する一派（閔氏《びんし》政権）と、大院君《たいいんくん》（国王である高宗《こうそう》の父）の対立です。閔氏政権は西洋式の軍隊の整備をはかり日本の軍人を教官として招くなどしたことから、朝鮮における日本の影響力が増します。ところが、日朝修好条規の締結にともなう影響から給与の支払いが滞《とどこお》ったことなどをきっかけとして、1882（明治15）年に一部の兵士が暴動を起こします。閔妃や漢城《かんじょう》（現在のソウル）の日本公使館が襲撃を受け、日本側に12人の死者が発生します。混乱に乗じて一時的に大院君が政権を奪いますが、日本の朝鮮への影響力の拡大を警戒する清が軍を派遣して反乱を鎮圧し、大院君を幽閉《ゆうへい》したことで閔妃らが実権を取りもどしました。同年の干支《えと》からこのできごとは壬午《じんご》事変

（壬午軍乱）などと呼ばれます。
事変後、日本は朝鮮と仁川《インチョン》で条約（済物浦条約《さいもつぽ》）を結び、襲撃犯《しゅうげきはん》への厳重な処罰とともに、損傷した公使館の賠償金《ばいしょうきん》の支払い、公使館を守るために日本の軍隊の駐留《ちゅうりゅう》を認めさせます。閔氏政権の支持者たちは事変を機に、日本の明治維新と同様の改革を進める開化派と、これまでどおり清を後ろ盾《うしだて》とする保守的な事大《じだい》派に分かれて争うようになります。

朝鮮の開化派のなかでも、急進的な集団（独立党）に属した金玉均《きんぎょくきん》や朴泳孝《ぼくえいこう》らは日本を訪れた際、福沢諭吉らの支援を受けています。旧幕臣

◉日本と清の間でゆれる朝鮮政権

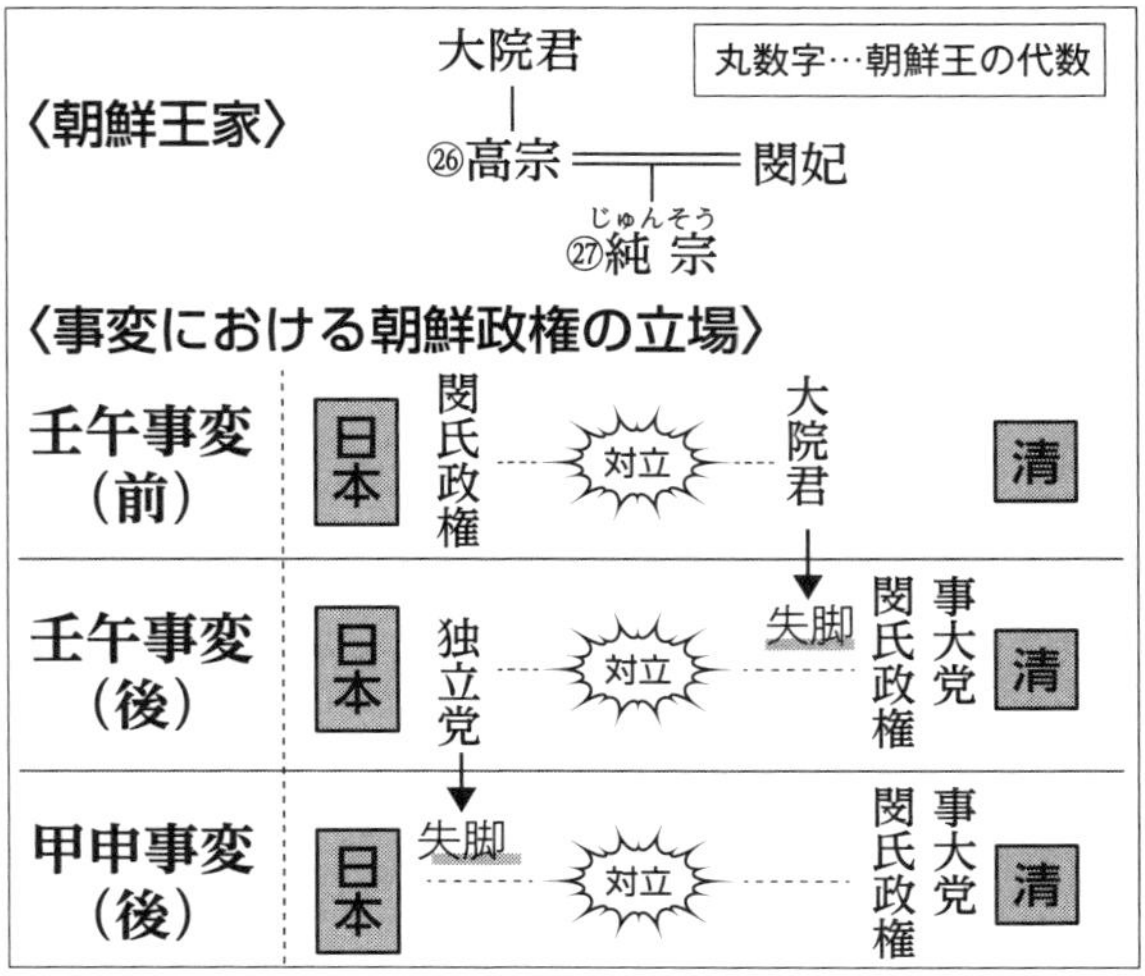

の福沢は官職に就くことを固辞して民間での人材育成に力を入れつつ、近隣のアジア諸国の近代化を支援していました。

同時期の1884（明治17）年には、ベトナムの支配権をめぐって清とフランスが争い、清は大敗します。金玉均らは清が敗れたこの機を逃《のが》すまいと、朝鮮に駐留する日本軍とともに事大党を排除すべくクーデターを起こしますが、清軍によって3日で鎮圧されました。この事件はその年の干支から甲申《こうしん》事変と呼ばれます。

甲申事変の事後処理をめぐり、翌年に日本から全権大使として派遣された伊藤博文は、清の李鴻章と天津《てんしん》条約を結び、日本と清は朝鮮から撤兵しました。

「アジア主義」と「脱亜論」

甲申事変ののち、清は軍備を増強します。1886（明治19）年には、ドイツから購入した最新鋭の北洋艦隊の軍艦が、整備のために長崎へ寄港します。清の海軍力を見せつける行為といえます。このとき、清の水兵による市民への暴行事件が発生し、のちに清は賠償に応じましたが、軍備拡張に加えて暴行事件への報復感情から、日本国内では清に対する反感が高まります。

日本による朝鮮への介入は、日本に友好的な勢力を政権に据《す》えることで、朝鮮と共同して西洋諸国に対抗する意図がありました。日本国内でこの方針を唱えるのは軍人や官僚だけでなく、政府に批判的な民権派のなかにもいました。

自由党のなかでもとくに急進的で、政府との武力衝突も考えていた大井憲太郎《おおいけんたろう》は、加波山事件や秩父事件などで民権派の活動が行きづまると、朝鮮の開化派への支援を通じて、日本と清を衝突させ、その混乱に乗じて日本政府を打倒するという計画を立てます。ただこの計画は1885（明治18）年に、大井らが朝鮮に渡航する前に発覚し、主要な関係者が大阪で逮捕されたことから大阪事件と呼ばれます。

朝鮮の開化派への支援など、アジア諸国と連帯することによって西洋諸国に対抗する方針は「アジア主義」と呼ばれます。国家主義団体の玄洋社《げんようしゃ》を創設した頭山満《とうやまみつる》はその代表格で、金玉均のほか、清の革命家やインド独立運動の関係者も支援しました。

反対に、改革を拒《こば》む保守的な勢力が根強い清や朝鮮の政府を強く批判する考えも存在しました。福沢は甲申事変のあと、支援していた開化派が壊滅《かいめつ》したことに憤《いきどお》り、アジア諸国民に対して、日本のように、当時の先進国である欧米諸国をモデルとする改革の必要性をうったえ「脱亜論《だつあろん》」を唱えます。一方で日本政府も不平等条約の改正を効率的に進めるため、アジア諸国との連帯よりも西洋諸国と同調する方針に傾いていきます。

新たな産業と財閥の形成

国内外で政争が続きつつも、産業や文化は大きく発展していきます。海外から日用品、衣類、食品、医薬品、建材などを仕入れて販売したり、西洋技術をとり入れた工場で大量生産したり、共同出資による株式会社を設立する事業者が次々と現れます。とくに有力な企業は、財閥（同族経営の大規模な企業集団）へと発展していきました。

たとえば、江戸時代から呉服屋を営んでいた三井家は、番頭を務めた三野村利左衛門《みのむらりざえもん》の手腕によって政府と深く結びつき、金融や貿易に事業を広げ、三井財閥を形成します。その商社部門である三井物産は、米、繊維製品、石炭などの輸出で利益を上げました。土佐出身の下級武士だった岩崎弥太郎《いわさきやたろう》は海運業で財をなし、岩崎家は金融、造船などに事業を広げて三菱財閥を形成します。現在の愛媛県にある別子《べっし》銅山を所有していた住友家は、総理事の広瀬宰平《ひろせさいへい》のもとで近代的な採掘技術をとり入れ、金属工業や化学工業、さらには金融などにまで事業を広げ、住友財閥を形成しました。

ただし、明治時代初期の工業や鉱業はもっぱら政府が主導していました。西南戦争に前後する時期、政府は欧米から技師を雇い入れたうえで、幌内炭鉱《ほろないたんこう》（北海道）や阿仁《あに》鉱山（秋田県）を開き、兵庫造船所（兵庫県）、愛知紡績所（愛知県）、広島紡績所（広島県）など近代的な施設がつくられます。１８８０（明治13）年以降、これらのほとんどは民間に払い下げられました。たとえば、群馬県の富岡製糸場と新町《しんまち》紡績所は三井財閥に、長崎県の高島炭鉱と長崎造船局（のちの長崎造船所）は三菱財閥に払い下げられています。

その反面、藩主や幕府が取引先だった商人の多くは明治維新後に没落しました。１８７６（明治９）年の秩禄処分《ちつろくしょぶん》で収入を失った武士たちも困窮し、彼らの一部は商人に転じましたが、商売に不慣れなため、事業に失敗する事例が相次ぎます（武士の商法）。

政府は困窮する士族の救済と新たな産業の創出を兼ねた士族授産事業を推し進めます。北海道に屯田兵《とんでんへい》として移住させたほか、各地で政府から支援を受けた士族によって繊維製品、マッチ、石鹸《せっけん》、セメントなどが製造されました。ただ、事業に不慣れな者が多かったため、士族の救済という点では必ずしも成果を上げませんでした。それでも、静岡県での茶畑の開墾《かいこん》と茶の製造販売のように、士族授産事業をきっかけに地域の名産品として定着した事例も少なくありません。

学校が没落士族を救った？

近代的な知識や技術を身につけた人々を育成するため、教育機関も次々と整備されます。１８７７（明治10）年には、江戸時代につくられた昌平坂《しょうへいざか》学問所や幕末期に設立された医学校などを統合して、東京大学が設立されます。同年に設立された駒場《こまば》農学校はのちに東京大学の農学部となります。初期の東大卒業者の大部分は、官僚や政府機関に属する技術者、教師となりました。同年には華族の団体により、教育機関の華族学校が神田錦町《かんだにしき》（現在の東京都千代田区）に開設され、明治天皇が学校名を学習院と定めます。のちに開設される華族女学校と統合され、第二次世界大戦後は学習院大学となります。１８８２（明治15）年には、前年に政界から下野した大隈重信が東京専門学校を創設します。これが早稲田大学の前身です。また、福沢諭吉が幕末期に設立した慶應義塾《けいおうぎじゅく》は、1890(明治23)年に大学部を設置しました。

1868(慶応《けいおう》4)年に設立された政府の兵学校を母体として、1874(明治7)年には陸軍士官学校が、1876(明治9)年には海軍兵学校が開設されます。この両校は、陸海軍の幹部となっていく士官を養成する目的で設置されました。学費はすべて官費でまかなわれたため、優秀でも進学する学費のない人たちが目指す進路ともなりました。このため、「一高三高海兵陸士」などとも呼ばれる超難関校でした。

1886(明治19)年には学校令が公布され、義務教育の小学校修了後の中学校、高等学校、師範《しはん》学校(教員の養成学校)などの中等教育、高等教育機関の制度が定められます。これに前後して、福島県の日新館《にっしん》(現在の会津《あいづ》高校)、愛媛県の明教館《めいきょう》(現在の松山東高校)、佐賀県の弘道館《こうどう》(現在の佐賀西高校)、福岡県の修猷館《しゅうゆう》(現在の修猷館高校)など、江戸時代の藩校や私塾から発展した近代的な学校が次々と成立しました。

明治10年代は学術書の多くがまだ翻訳されておらず、その一方で西洋の技術や文化の導入が急務だったため、政府は英語をはじめとして外国語教育に力を入れます。中学校では週に16時間が外国語の授業にあてられたといいます。また、この時期には日本語を西洋人に伝える手段として、イギリス人の医師で宣教師のヘボン（ヘップバーン）らによって、ローマ字が広められます。

大学や軍学校、そのほかの高等教育機関は、華族・士族・平民を問わず幅広い入学者を集めます。これにより、明治維新によって没落した旧幕臣や、戊辰《ぼしん》戦争で薩摩・長州藩閥《はんばつ》と敵対した東北諸藩の士族の子らが、教育を受けて官僚や軍の士官になるなど立身出世したケースも少なくありません。

出版・報道と国民意識

近代的な教育の普及とともに、政治や社会に関心を抱く人も増え、出版と報道も発達します。政府は西洋諸国にならって、1872（明治5）年に書籍館《しょじゃくかん》を設置します。これは明治期を通して唯一の国立の図書館であり、その後は改称や管轄の変更を経て、1897（明治30）年に帝国図書館（現在の国立国会図書館の前身の1つ）となります。

江戸時代までの情報媒体は、主に市中で流通する瓦版《かわらばん》や町中の高札《こうさつ》など小規模なものでした。明治維新後は、印刷技術と輸送・流通網の発達によって数々の新聞が刊行され、たくさんの人が身分や地域の差を超えて同時に同じ情報に接することで、国民の一体感が高まっていきます。

日本最初の本格的な新聞は、1868（慶応4）年に江戸で刊行された『中外《ちゅうがい》新聞』といわれます。1871（明治4）年には、初の日刊紙である『横浜毎日新聞』が創刊されます。貿易港のある横浜で読まれる新聞らしく、海外情勢のほか、輸出入の物価、両替相場などを報じ、のちに『東京横浜毎日新聞』と改称し、立憲改進党の機関紙になります。

郵便制度を整備した前島密《まえじまひそか》が1872（明治5）年に創刊した『郵便報知新聞』は民権派を支持し、後年は『読売新聞』に合併されました。1879（明治12）年には、現在の『朝日新聞』の前身である『大阪朝日新聞』が創刊され、のちに東京へ進出します。1872（明治5）年に創刊された『東京日日新聞』は、元大蔵省官僚の福地源一郎を主筆《しゅひつ》に迎え、民権派に対抗して政府支持の報道を行いました。同紙は後発の『大阪毎日新聞』に吸収され、現在の『毎日新聞』となります。

政府は当初、国民に情報と知識を広める手段として新聞の刊行を支援しました。とはいえ、政府批判や不十分な取材にもとづいた記事、個人に対する中傷記事を載せる新聞もあったため、同年に新聞紙条例を定めるなどして段階的に言論を規制します。

海外との交流が活発化するなか、西洋の文化や思想を紹介する書物も次々と刊行されます。幕末期に昌平坂学問所の教授を務めた中村正直《なかむらまさなお》は、１８７０（明治３）年に、イギリスの思想家スマイルズの『自助論』を翻訳した『西国立志編《さいごくりっしへん》』を刊行しました。これは古代ギリシャの哲学者ソクラテス、イギリスの劇作家シェークスピア、科学者のニュートンなど西洋の著名な偉人と無名の人々を織り交ぜた人物伝です。

福沢は、１８７２（明治５）年から全17編の『学問

そのころ、世界では？

1884年、ベルリン会議でアフリカを分割

ヨーロッパ諸国がアフリカ大陸で植民地を拡大するなか、ドイツ首相のビスマルクがベルリン会議を開き、各国の勢力範囲が定められました。このときの国境が、アフリカ諸国の民族紛争の一因となります。

のすゝめ』を刊行し、身分制度の否定、自由の尊重、学問による個人の独立と成長などを説きました。『西国立志編』と『学問のすゝめ』はともに、明治時代を通じて、立身出世や社会の改革を志す人々の間で広く読み継がれることになります。

東京大学の初代総長を務めた政治学者の加藤弘之《かとうひろゆき》は、『国体新論』ほかの著作で、万人は平等に権利を持つという「天賦人権《てんぷ》」の思想を唱えました。しかし、のちに生物学での進化論の影響を受けて考えを改め、『人権新説』を著して生存競争に勝ち残った強者による支配が正しいと主張します。これは、社会ダーウィニズムと呼ばれる思想に沿ったもので、当時の西洋諸国では、白人によるアジアやアフリカの支配を正当化する論拠《ろんきょ》にも利用されていました。民権派の植木枝盛は『天賦人権弁』を刊行し、中江兆民らとともに、天賦人権説を支持して加藤と論争をくり広げます。

民衆の生活スタイルが変化

明治維新から十数年を経るうち、西洋から流入した制度や商品がとり入れられることによって、民衆の生活習慣も変化しました。いわゆる「文明開化」です。

江戸時代までは身分ごとに髪型や服装が定められていましたが、1871（明治4）年に、男性の結髪《ゆいがみ》（髷《まげ》）を廃止して自由とする散髪脱刀令（断髪令）が発せられます。このとき明治天皇はみずから髷を切り落として民衆の手本となりました。1877（明治10）年ごろ、東京の市街で髷を落とした短髪（ざんぎり頭＝散切頭）の男性は約60％でしたが、1888（明治21）年ごろにはほぼ全員となります。しかし、同じように髪を短くする女性が現れると、1872（明治5）年に女子断髪禁止令が発せられました。当時の世論では、長い髪こそが美しいという価値観が根強かったためです。

政府の役人や貿易商人などの間では洋装が普及します。民衆の大半は和装でしたが、徴兵されて軍服という形で初めて洋服や靴《くつ》を身につけたという人がたくさんいました。

食生活も大きく変わります。今ではあたり前の肉食が本格的に広まったのも明治時代です。日本では仏教が普及して以降、表向きは肉食が避けられてきました。ただ、近代

化にあたって、西洋人とのつきあいや、西洋人のような体格や体力づくりには肉食が必要と考えられ、1871（明治4）年に肉食は解禁となり、明治天皇が牛肉を口にしたことが報じられたことを機に、民間に肉食が普及していきます。

都市部では牛鍋《ぎゅうなべ》（すき焼き）が流行し、西洋料理をあつかう飲食店も増えていきます。とんかつやコロッケといった洋食は、イギリスやフランスのフライ料理を、日本人に親しみやすい形にアレンジしたものです。肉じゃがは、日本の食材でビーフシチューに似せてつくった料理です。徴兵された兵士が軍隊で初めて肉類や洋食を口にした例も多く、とくに海軍ではイギリス海軍の献立《こんだて》をまねて、保存のきく根菜と香辛料を使うカレーライスが定番料理の1つになります。パンは当初、日本人になじみの薄い食品でしたが、1874（明治7）年に東京の製パン業者の木村屋があんパンを発売し、庶民の人気を博するようになります。

交通も発展し、欧米と同様に馬車が普及して道路の整地《せいち》・舗装《ほそう》が進むと、人力車が発明されて広まりました。やがて都市部では車両の交通量が増加し、1872（明治5）年には、車両は左側通行とすることが定められます。1876（明治9）年には国道・

県道・里道の3種類が定められ、なかでも国道は1885（明治18）年に44路線が成立します。ただ、当時の国道1号は日本橋（現在の東京都中央区）～横浜港（現在の神奈川県横浜市）など、今日の区間とは大きく異なっていました。

東京では市街の風景も変わり、皇居（のちに宮城《きゅうじょう》と呼称）の周辺に点在した幕府の関連施設や大名屋敷の跡地、大規模な寺院の所有地は政府の管理下に置かれ、一部は公園に転用されます。徳川家の菩提寺《ぼだいじ》である上野《うえの》寛永寺《かんえいじ》の境内《けいだい》は、1873（明

治6）年に浅草寺《せんそうじ》の境内とともに、日本で最初の公園に指定されました。

その上野公園では、1877（明治10）年に各地の食品、衣類、工業製品、美術品などを展示する見本市の内国勧業《ないこくかんぎょう》博覧会が開かれます。その後、内国勧業博覧会は京都や大阪でも開催され、諸外国に日本の商品を紹介し、産業の発展をうながしました。

上野公園の敷地内には、1881（明治14）年に東京府の湯島《ゆしま》（現在の東京都文京《ぶんきょう》区）にあった国立博物館が移転され、翌年には日本で最初の動物園である上野動物園が開園するなど、人々が新しい文化にふれる場となりました。

日常生活に関わる制度として、1873（明治6）年に新暦が採用されます。1885（明治18）年には、長さと重さの単位にメートル法を採用することを国際的に定めたメートル条約に日本は加入しました。ただし、1891（明治24）年に公布された度量《どりょう》衡《こう》法によってメートル法と昔ながらの単位（尺貫《しゃっかん》法）が併用となります。商取引や地方自治体で使用する単位がメートル法に一本化されたのは1950年代のことです。

こうした西洋文化や新しい制度は、東京や横浜、京阪神などの都市部から広まり、農村地帯でも定着するのは明治時代後期から大正時代のことです。

ちょっとひと息

日本の「国旗」と「国歌」

船舶《せんぱく》用の旗印が国旗として採用

日本は江戸時代まで国旗と国歌の概念《がいねん》がありませんでしたが、西洋諸国と通商条約を結んだことが転機となります。外国船の入港が増えると、船の国籍を示す必要があったため、水戸《みと》藩主の徳川斉昭《とくがわなりあき》や薩摩藩主の島津斉彬《しまづなりあきら》の進言により、１８５４（嘉永7）年に日章旗《にっしょうき》（日の丸を描いた旗）が日本船の旗印《はたじるし》に定められます。日の丸は、源氏《げんじ》をはじめとする武士の軍旗として中世から使われ、江戸時代には米を運ぶ輸送船の旗印などとして幕府が用いていました。新政府の成立後、１８７０（明治３）年の太政官布告で日章旗は商船旗・軍艦旗とされ、実質的な国旗として使用されることになります。

明治時代初期には、外国の使節の歓迎式典などのため、国歌も必要となります。薩摩藩士の大山巌《おおやまいわお》（のちの元帥《げんすい》陸軍大将）

が、『古今和歌集』の読み人知らずの歌に由来する歌詞を選び、イギリス陸軍の軍楽隊長でお雇い外国人であるウィリアム・フェントンが曲をつけ、『君が代』は1870（明治3）年に完成します。ところが、日本人にはなじみにくい曲調だったことから、宮内省雅楽《ががく》課の奥好義《おくよしいさ》が手を加え、1880（明治13）年に現在の曲となりました。

じつは、日章旗は長らく船舶用の旗としての規定しかなく、『君が代』も法的には国歌ではなく儀式用の唱歌《しょうか》とされていました。1999（平成11）年に成立した「国旗国歌法」によって正式に国旗、国歌と定められ、日章旗の縦横比は3：2、円の直径は縦の5分の3とされました。

『君が代』の歌詞

君が代は
（〈読み人が指す〉あなたの寿命が）／
（〈相手が天皇の場合は〉天皇の治世が）

千代に八千代に
（1000年も8000年も
長く続きますよう）

さざれ石の　いわおとなりて
（小さな石が 大きな石となって）

こけのむすまで
（苔が生えるまで）

明治時代の偉人❷

時代を代表するジャーナリスト

岸田吟香

Kishida Ginkou

1833(天保4)～
1905(明治38)年

報道から国際交流まで手がける

美作国《みまさかのくに》（現在の岡山県）の裕福な農家に生まれ、青年期に江戸で儒学を修めたのち、病気の治療を通じて、横浜でアメリカ人の宣教師で医師のヘボンと交流します。のちにヘボンが日本初の和英辞書となる『和英語林集成』を編纂《へんさん》した際、その編集作業に協力しています。

西洋文化を吸収した岸田は、民間で初の日本語の新聞『新聞誌』（のちに『海外新聞』と改称）の創刊にたずさわりました。この経験を経て、1872（明治５）年には『東京日日新聞』（現在の『毎日新聞』の前身の１つ）の記者となり、台湾出兵の際に現地取材も行いました。

新聞広告を商売に活用したり、医薬品の製造と販売にもたずさわったほか、新聞社を退社後は、海運業、盲《もう》学校の創設も手がけます。アジア主義団体の東亜同文会《とうあどうぶんかい》を通じ、清との交流にも関わりました。息子の岸田劉生《りゅうせい》は、洋画家として知られます。

第三章

立憲政治のはじまり

農民の子が初代総理大臣に

明治時代初期に成立した太政官制《だじょうかんせい》は、律令制での政治体制を意識して、天皇の政務を輔弼《ほひつ》（補佐）する太政官のもとに、各省庁の大臣（卿《きょう》）が置かれました。しかし、この制度は太政大臣らが大きな権限を持ち、実務を担当する各省の大臣（卿）の権限の範囲が不明瞭《ふめいりょう》で、近代的な政府の運営には不向きでした。また、何より重要な不平等条約の改正交渉を進めるうえでも、西洋諸国と同様の近代的な政治制度を導入し、文明国であることを示す必要がありました。

こうした事情から、新政府は政治体制を刷新します。1885（明治18）年12月に太政官制を廃止し、代わって新たに導入したのが、現在の政治にも採用されている「内閣制度」です。各省庁を担当する国務大臣が天皇に対して直接責任を負《お》い、大臣らが閣議を通じて政治を動かすという体制です。

内閣は英語の「cabinet」の訳語ですが、本来は中国王朝である明《みん》における政務の最高機関を指す語句です。内閣に属する諸大臣のなかでも首長のことを「内閣総理大臣」

といいます。有力な説によると、東洋では古くから君主を補佐する役職を宰相《さいしょう》と呼んだことから、「首席の宰相」という意味で内閣総理大臣は「首相」と通称されますが、こちらは法律で定められた正式な呼称ではありません。

皇室における事務などを担当する宮内《くない》省は太政官制ではほかの省庁と同列の位置づけでしたが、これ以降は内閣から独立して宮中に置かれます。宮内省の外局として、御璽《ぎょじ》（天皇が公的に用いる印章《いんしょう》）や国璽《こくじ》（政府が公的に用いる印章）などを管理する内大臣府が新設されました。制度取調局も内閣制度の成立とともに廃止され、法令や外国との条約の内容の調査や立案、検討などの業務は、内閣直属の機関である内閣法制局へと引き継がれました。

新たな政治制度をスタートさせるにあたり、誰が内閣総理大臣に就任するかが政府内で話し合われます。明治期の太政官制における最高位の太政大臣は、公家出身の三条《さんじょう》実美《さねとみ》が務めていました。とはいえ、内閣総理大臣の就任に関する法的な規定はなく、政府内では不平等条約の改正交渉を進めるうえで、英語を習得し、要職を歴任していた伊《い》藤博文《とうひろぶみ》が適任として選ばれます。

初代内閣総理大臣（以降、首相と呼称）となった伊藤はこのとき44歳でした。長州《ちょうしゅう》出身で少年期まで農民でしたが、父が下級の武士である足軽の家の養子になったことで武士となりました。このため伊藤の首相就任は、農民（じつは下級武士）の子から関白《かんぱく》・大閤《たいこう》にまで出世した豊臣秀吉になぞらえて、「今太閤《いまたいこう》」と呼ばれるとともに、皇族や公家を中心とする政治体制を完全に脱した象徴といえるできごとでした。

青年期の伊藤は、吉田松陰《よしだしょういん》が開いていた松下村塾《しょうかそんじゅく》に通い、年長だった桂小五郎《かつらこごろう》（木戸《きど》孝允《たかよし》）らとともに尊王攘夷《そんのうじょうい》運動に参加していました。イギリス公使館の焼き討ちや、尊王攘夷派が敵視した人物の暗殺といった過激な事件にも関与しています。やがて、長州藩内で攘夷のためにも西洋の技術や制度を学ぶべきだという意見が強まると、1863（文久3）年に長州藩士の井上馨《いのうえかおる》、遠藤謹助《えんどうきんすけ》、井上勝《いのうえまさる》、山尾庸三《やまおようぞう》とともにイギリスに密航しました。この5人の若者は帰国後、日本の近代化にそれぞれ貢献《こうけん》したことから、「長州ファイブ」（長州五傑《ごけつ》）とも呼ばれています。

イギリスの国力に圧倒された伊藤は日本を近代化する必要性を感じ、帰国すると倒幕運動に身を投じます。倒幕後は政府の要人として、産業やインフラを担当する工部卿《こうぶきょう》、内政全般を担当する内務卿などを歴任し、内政や法制度の整備を担ってきました。

伊藤内閣の主な閣僚には、外務大臣に井上馨（のちに伊藤が兼任）、内務大臣に山縣《やまがた》有朋《ありとも》、大蔵大臣に松方正義《まつかたまさよし》など、長州・薩摩閥《さつまばつ》が大部分を占めました。ただし、郵便や運輸を担当する逓信《ていしん》大臣として旧幕臣の榎本武揚《えのもとたけあき》が入閣しています。

政府の期待に反した地方議会

内閣制度の成立に先立ち、1884（明治17）年には華族令が制定され、ヨーロッパの貴族の爵位に対応した5段階の爵位《しゃくい》（公爵《こうしゃく》、侯爵《こうしゃく》、伯爵《はくしゃく》、子爵《ししゃく》、男爵《だんしゃく》）が定められます。この段階で華族は公家、元大名、神官など約500家あり、これ以降、軍人、政治家、実業家として国家に功績のある人物が新たに爵位を得るようになります。華族の制度は、国会における上院（貴族院）を構成する議員を想定したものです。

続いて、政府は天皇直属の諮問《しもん》機関（有識者が案件を協議して意見する組織）として、1888（明治21）年に枢密院《すうみついん》を創設します。議長、副議長、顧問官《こもんかん》らで構成され、構成員は成人している親王（天皇や皇太子の兄弟ら）や国務大臣などから任命されました。

国会（本章で後述）の成立後は、天皇や皇族と長州・薩摩閥の要人が国政や皇室内の問題について話し合う場となります。

同年、国会開設の前段階として、地方議会と地方自治の体制が整備されます。内務大臣の山縣はドイツ人の法学者アルベルト・モッセの協力を受け、ドイツ帝国を構成する国家群のなかでも中心的な存在であるプロイセン王国の地方自治制度をとり入れた市制・町村制を導入しました。人口が2万5000人以上の自治体を「市」とし、直接国税2円以上を納める者に市会（市の議会）の選挙権と被選挙権を与えます。市長は、市会が推薦《すいせん》する候補者を内務大臣が任命する形で決められました。町村には町村会が設置され、町村長は町村会で選出されましたが、無給の名誉職でした。

そのころ、世界では？

1885年、インド国民会議が設立

英領インドでは、支配階級のイギリス人がインド人の有識者の意見を参考にすべく、国民会議が設立されます。国民会議はのちのインドの独立運動で中心的な役割を果たし、独立後には政権与党となります。

山縣は、国民にとって地方自治は「民主主義の学校」と考えており、市会や町村会を通じて政治の複雑さを経験すれば、政府に批判的な民権派も政府の立場を理解してくれると期待していたといわれます。ところが期待とは裏腹に、市会や町村会では民権派が地域内の問題と直接関係のない、条約改正や憲法制定について強く主張するようになっていきました。このため、山縣は民権派の活動を制限する方針に傾いていきます。

1890（明治23）年には府県制と郡制が成立します。府県と町村をまとめる郡は地方自治体ではなく、内務省の下部組織と位置づけられ、府県の知事と郡長は、住民の選挙ではなく政府の任命によって決定されることが定められました。つまり、地方自治といっても市町村の単位までに留まっていたのです。府県の知事も住民の選挙によって選ばれるようになるのは、第二次世界大戦後のことです。

市制・町村制の導入にともない、1889（明治22）年に東京府内の東部15区をひとまとめとした「東京市」が設置され、特別措置として1898（明治31）年までは府知事が市長を兼任しました。都市計画の対象となった東京市のエリアは段階的に拡大し、第二次世界大戦後の再編を経て、現在の東京都23区が形づくられます。

条約改正のためにダンスを習う⁉

政府にとって外交上の最大の課題は不平等条約の改正でしたが、目立った進展がなく、国民や民権派の多くが政府を批判していました。そのため、伊藤と同じくイギリスへの留学経験を持つ外務卿（外務大臣に相当）の井上馨が中心となり、西洋諸国と対等な立場となるため、積極的に西洋文化をとり入れるさまざまな施策《しさく》を展開します。これを「欧化《おうか》政策」といいます。

具体的には、政府関係者が洋服を身につけたり、東京の銀座に西洋風の街並みを築いたりなどしますが、とりわけ、井上が日比谷練兵場《れんぺいじょう》（現在の東京都千代田《ちよだ》区の日比谷公園）の南に築かせた鹿鳴館《ろくめいかん》は欧化政策の象徴というべきものでした。来日した海外の要人のための迎賓館《げいひんかん》で、工部大学校（現在の東京大学工学部の前身）の教員としてイギリスから招いた建築家ジョサイア・コンドルが設計し、1883（明治16）年に完成しました。井上は政財界の要人に洋装させ、ダンスやディナーの作法を習得させ、鹿鳴館で西洋人を交えた舞踏会やパーティーを開催します。これは「鹿鳴館外交」と呼ばれます。

鹿鳴館外交は〝表面だけの西洋化〟と批判的に語られることが多く、当時の民権派からも伝統的な保守派からも不評でした。ただ、当時の西洋人の間では、「キリスト教を信奉する白人国家の文化こそが最もすぐれている」という価値観が支配的であり、アジアをはじめとする非西洋の文化圏は劣《おと》っているとみなされていました。こうした事情から、西洋式のマナーや服装を身につけることは、外交の手段として有効と考えられたのです。

井上の前任の外務卿だった寺島宗則《てらしまむねのり》は、アメリカと関税自主権の交渉を有利に進めましたが、イギリスとドイツが反対して失敗に終わりました。このため、井上は西洋各国の外交関係者を一堂に集めて交渉する方針をとり、鹿鳴館外交と並行して、1886（明治19）年5月から翌年7月まで27回もの条約改正会議を開きます。

折しも、1886（明治19）年10月には、和歌山県の

近海でイギリスの貨物船ノルマントン号が暴風雨により難破します。イギリス人の船長とイギリス人とドイツ人の船員らは救命ボートで脱出して救出されたものの、25人の日本人乗客とインド人の船員の一部は救助されず死亡しました（ノルマントン号事件）。この事件の裁判は治外法権にもとづいて神戸のイギリス領事館で行われ、船長と船員は全員が無罪となったことで、日本国内でははげしい非難の声があがります。

当時、政府は不平等条約のなかでも、治外法権の撤廃《てっぱい》よりも関税自主権の回復を重視していました。なぜなら、外国からの輸入の増加による国内産業への打撃や貿易赤字など経済への影響が大きな問題になっていたからです。裏を返せば、西洋諸国は日本の関税自主権を認めないことで多大な利益を得ていました。しかし、ノルマントン号事件を機に、国民の間から治外法権の完全撤廃を求める声が強まります。

こうした世論のなかで行われた条約改正会議において、イギリスとドイツの提案により、領事裁判権（日本に滞在する外国領事の裁判権）を撤廃する代わりに、日本国内の裁判に外国人の裁判官を参加させること（外国人判事の任用）、外国人の居留地以外での外国人の居住や外国人の不動産購入の自由を認める交渉が、井上の主導のもとで内々に進められます。ところが、井上の方針は西洋諸国に譲歩した内容だったため、政府内の反発は大きく、法制局や外務省の顧問を務めたフランス人のギュスターヴ・エミール・ボアソナード（本章で後述）にも反対されます。

この機に乗じて民権派も行動を起こします。自由党と立憲改進党は内紛のため、1884（明治17）年から一時的に解散状態となっていましたが、ノルマントン号事件に前後する時期、後藤象二郎《ごとうしょうじろう》、中江兆民《なかえちょうみん》、星亨《ほしとおる》が中心となり、民権派の再結集をはかる大同団結運動を展開しました。その星らが条約改正交渉の内幕をリークしたことで、世論の大勢は反対の立場をとります。この動きに連携する形で、片岡健吉《かたおかけんきち》らは1887（明治20）年10月、①条約改正交渉の停止②地租の軽減③言論や集会の自由という要望からなる建白（三大事件建白）を政府に提出します。

結局、政府内外から批判された井上は、各国に条約改正会議の無期延期を伝え、大臣職を辞任しました。鹿鳴館外交もほとんど成果はなかったことから、井上の辞任とともにとりやめとなり、欧化政策は下火になります。鹿鳴館は華族会館（華族の社交場）に転用されたのち、民間企業に払い下げられ、第二次世界大戦中に取り壊されました。

民権派の3つの要望のうち、条約改正交渉の停止は達成されました。とはいえ、政府は民権派への強硬《きょうこう》姿勢をくずさず、1887（明治20）年12月に言論や集会を制限する保安条例を制定します。これにより、政府から危険人物とみなされた者は、皇城（皇居）から3里（約12キロメートル）外に退去することが定められ、中江や星をはじめ、570人もの民権派の関係者が東京から追放されます。

片足を失った外務大臣

井上の辞任後、伊藤がしばらく外務大臣（1885年の内閣制度の導入時に外務卿から改称）を兼任したのち、大隈重信《おおくましげのぶ》に外務大臣への就任を持ちかけます。これには明治十四年の政変後に下野《げや》し、立憲改進党を創設した大隈を政府に取り込み、民権派を分断する意図がありました。1888（明治21）年2月に大隈は入閣し、条約改正の任を引き継ぎます。

それからほどなくして、伊藤は憲法制定に関する作業に専念するために首相の座を退《しりぞ》き、黒田清隆《くろだきよたか》が新たな首相となります。黒田内閣も、民権派の分断をはかって後藤象二郎を入閣させますが、薩摩・長州閥が大部分を占め、閣僚の多くは大隈の起用に否定的な立場でした。過去に黒田は開拓使《かいたくし》官有物払い下げ事件で大隈と対立したものの、条約改正に尽力する大隈を高く評価して留任させます。文部大臣（逓信大臣から転任）の榎本武揚も、大隈を強く支持します。

前任の井上は西洋諸国と集団で交渉を行っていましたが、成果は得られませんでした。そこで大隈は個別の交渉にもどします。大隈も井上と同様に、外国人の裁判官を大審院（現在の最高裁判所）に参加させることを提案し、まずアメリカ、ドイツ、ロシアとの間で合意を得ました。ところが、この交渉内容を１８８９（明治22）年４月にイギリスの新聞『タイムズ』が報じ、日本の新聞にも翻訳《ほんやく》記事が掲載されると、国民の間で黒田内閣を批判する声が高まります。

同年10月、大隈の乗る馬車に爆弾が投げられます。大隈は一命を取り留めたものの大けがを負い、右足のひざ上から下を切断し、以後は義足での生活を余儀《よぎ》なくされます。犯人は政府の対外政策を非難し、西洋諸国に対する強硬姿勢を主張する玄洋社《げんようしゃ》の元構成員でした。この襲撃事件を重く受け留めた黒田内閣は総辞職し、大隈による条約改正の交渉も中断されます。黒田らの辞任後、三条実美が臨時の首相代理（内大臣と兼任）を務めたのち、山縣有朋が首相の座に就きました。

1年半で倒れた黒田内閣でしたが、外交面で大きな成果がありました。その最たるものが、1888（明治21）年11月にメキシコ合衆国との間で結ばれた日墨《にちぼく》通商修好条約です。これはアジア以外の国と初めて結ばれた対等な条約で、たがいに治外法権を認めないという内容が盛り込まれており、以後の西洋諸国との条約改正を進めていく際の重要な先例となります。

建国記念日に憲法を発布

日本最初の近代的憲法となる「大日本帝国憲法」（明治憲法）は、1889（明治22）年、紀元節《きげんせつ》（建国記念日）の2月11日に発布され、翌年11月29日に施行《しこう》されます。君主がみずから定める欽定《きんてい》憲法という形で制定され、〝東アジア初の憲法〟となりました。なお、議会を通じて国民の代表が制定したものは民定《みんてい》憲法、君主と人民の協議によって制定されたものは議定《ぎじょう》憲法といいます。

大日本帝国憲法の制定を主導した伊藤は、とくにドイツ憲法を参考にしました。それには次のような背景があります。現在のドイツ連邦共和国にあたる地域には、長らく多数の国家が分立していました。その地域では日本での明治維新と同時期に統一運動が起こり、１８７１（明治４）にプロイセン国王を皇帝とするドイツ帝国が成立します。ドイツ帝国は、アメリカやフランスのような市民革命を経ず、日本と同様に政府の主導で確立されたため、君主（皇帝）の権限が強い憲法が定められていました。つまり、ドイツ帝国の統治体制が日本と似ていたから、伊藤はドイツ憲法をお手本としたわけです。

大日本帝国憲法は7章76条からなります。第1章（第1～第17条）は「天皇」に関する条項です。「天皇が日本の国家主権を持つこと」が明記されているほか、「議会の協賛をもって天皇が立法権を持つこと」「天皇の存在は不可

侵であること」などが定められました。このなかに「天皇は陸海軍を統帥《とうすい》する」という条文があります。いわゆる統帥権といわれるもので、軍は国務から独立しているとされ、後年、これを論拠《ろんきょ》として軍部は議会を無視し、独自に行動するようになっていくのです。

第2章（第18〜第32条）は「臣民の権利と義務」についての条項で、兵役の義務、納税の義務、法律の範囲内での移転の自由、言論の自由、集会や結社の自由などを定めています。第3章（第33〜第54条）は「帝国議会」についての条項で、貴族院と衆議院の二院制や、衆議院は選挙で選ばれた議員により運営されることなどが定められています。

第4章（第55〜第56条）は「国務大臣および枢密顧問」についての条項ですが、内閣総理大臣（首相）の地位については何も規定がありません。これは、首相が行政府のトップであると明記すると、天皇大権（天皇による官僚や政治家の任免権、外交や軍事の決定権など）と衝突する可能性があるので、あえて記さなかったといわれます。

第5章（第57〜第61条）は「司法」に関する条項で、司法権は天皇の名において裁判所が行うこと、裁判は原則として公開されることなどが定められています。第6章（第62〜第72条）は「会計」についての条項で、税制や国家予算について定められています。

◉憲法成立後の日本の統治体制

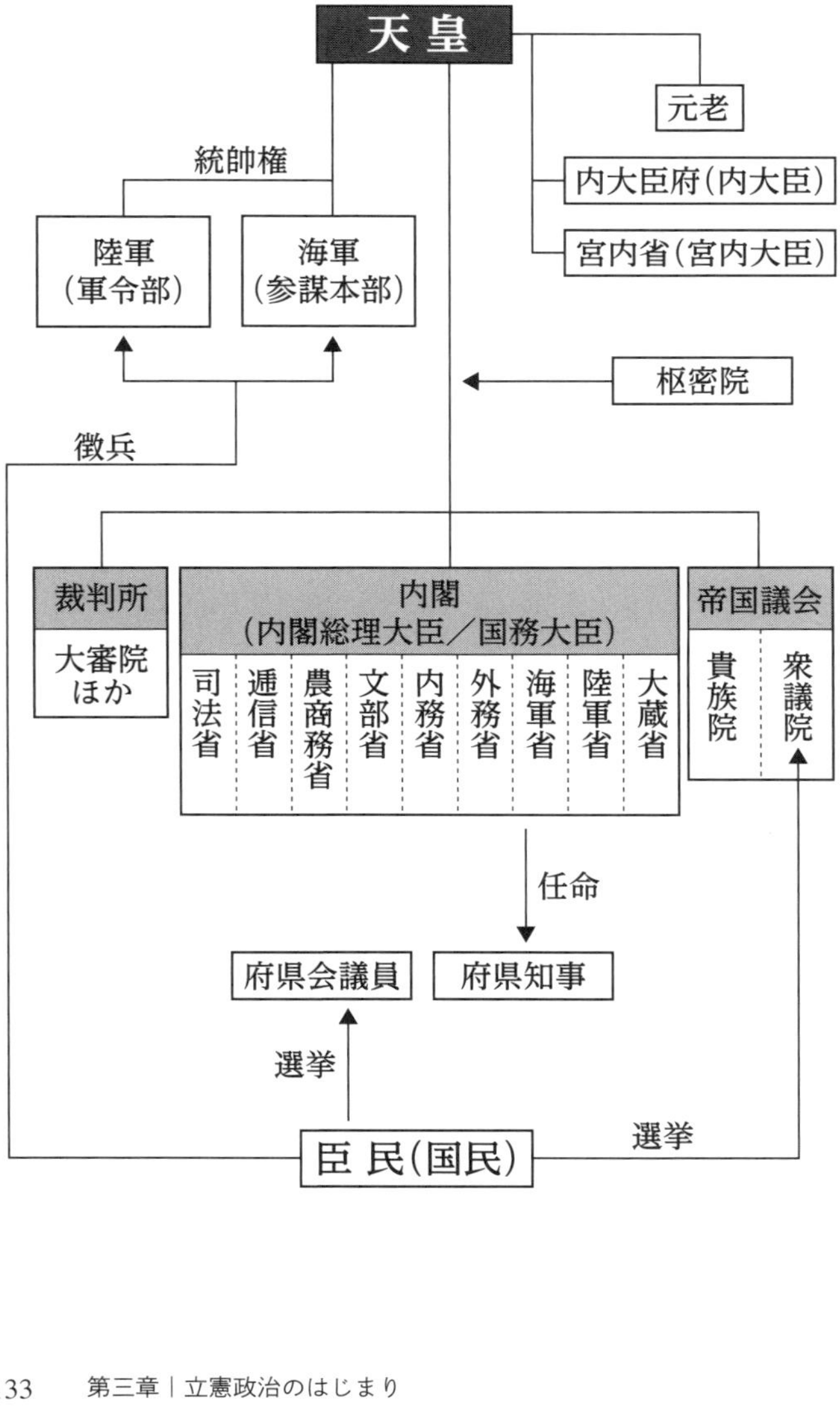

最後となる第7章（第73～第76条）は補則で、憲法を改正する場合は帝国議会で話し合い、総議員の3分の2以上が出席したうえで、その3分の2以上の賛成が必要であることなどを定めています。

なお、「大日本帝国」という国号は幕末から外交文書で使われていましたが、公式なものではなく、大日本帝国憲法の制定後に一般的な呼称として定着します。王国ではなく「帝国」の理由として、古来、中国王朝の君主は「皇帝」を名乗り、周辺国家の君主はそれより格が低い「王」として区別していました。つまり、帝国を名乗ることは、中国王朝に従属する国ではなく、独立国であることを意味したのです。それに加え、17世紀末に長崎を訪れたドイツ人医師のケンペルが自著『日本誌』のなかで、天皇のことを皇帝（emperor）と訳し、これが西洋で定着していたことが関係しています。

家族の定義も法律で定める

大日本帝国憲法の成立と同時期にさまざまな法律が成立します。皇位継承の条件、皇族の範囲、皇室の経費など天皇家に関する事項を規定した「皇室典範《てんぱん》」もその1つです。

刑法や民法といった法律は憲法より下位の存在として位置づけられましたが、皇室典範は大日本帝国憲法とともに最高位の成文法とされ（典憲《てんけん》二元体制）、議会を通じて改正したり、廃止したりすることはできませんでした。

皇室典範の起草の中心人物だった井上毅《いのうえこわし》は、フランスへの留学経験を持つ司法官僚で、法制局長官、文部大臣も務め、軍人勅諭《ちょくゆ》や大日本帝国憲法の制定にも関わりました。井上とともに起草にあたった柳原前光《やなぎわらさきみつ》は、枢密顧問官、宮中顧問官を歴任した公家出身で、明治天皇の側室である柳原愛子《なるこ》（大正天皇の実母）の兄にあたります。

1880（明治13）年には近代的な「刑法」と、検察官による起訴の独占、裁判の公開、被告に弁護士をつけるなど、刑事手続きに関連する治罪《ちざい》法が制定されます。治罪法は1890（明治23）年に改正され、「刑事訴訟《そしょう》法」となりました。刑事訴訟法の成立とほぼ同時期に「民事訴訟法」と「商法」が制定されます。

刑法の起草の中心人物として、フランス人の法律学者ボアソナードがいます。日本政府に法律顧問として招かれたボアソナードは20年余りにわたって、刑法をはじめとする日本の司法の確立に貢献したことから、「日本近代法の父」と呼ばれています。

このボアソナードは民法の起草にも関わっていましたが、フランスの民法をモデルにしたものは日本の家族制度に合致しないという意見が政府内から出されます。とくに憲法学者の穂積《ほづみ》八束《やつか》が「民法出《い》デテ忠孝亡《ほろ》フ」という論文を発表したことをきっかけに、民法の制定をめぐる論争が起こります（民法典論争）。その後も草案は修正が重ねられ、1896（明治29）年に「民法」が公布されました。

民法（明治民法）の大きな特徴は、公家や武家の間で定着していた家父長を中心とした家族制度を国民全般に適用したことです。江戸時代までの家族制度は一律ではなく身分や地域によって多様で、農民、職人、商人には、親の遺産を親族が分割して相続したり、長男は独立して末子が家業を相続したりする事例もありました。ところが、明治民法はこうした多様な民衆の習慣を法律によって画一化し、長男が家や財産を相続することを原則としました。これは公家や武家の伝統的な慣習には合致していますが、必ずしも民衆の伝統的な慣習に即したものではありません。

また、成年年齢は20歳と民法で定められました（2018年の改正で18歳に引き下げ）。現代で20歳といえば法律上、喫煙《きつえん》と飲酒が認められていますが、1900（明治

33）年に未成年者喫煙禁止法が施行されるまで喫煙を禁じる法律はなく、飲酒についてては大正時代になるまで禁止する法律は存在しませんでした。

さらに婚姻《こんいん》開始年齢は、男性が17歳以上、女性が15歳以上（1947年の改正で男女ともに1歳ずつ引き上げ、2022年の改正で男女とも18歳に）と定められます。1876（明治9）年には太政官指令によって、女性は結婚後も実家の姓（苗字《みょうじ》）を名乗るよう定められました（夫婦別氏制）。これは江戸時代まで武士階級で一般的だった習慣にのっとった形です。しかし民法では、結婚後に妻が夫の家の姓を名乗るよう定められます（夫婦同氏制）。このことは夫婦が同じ〝家〟に属するという考え方を反映したものですが、当時の西洋の結婚制度にならった形です。

こうして、憲法をはじめとして、すべての法律の基礎となる「六法《ろっぽう》」（憲法・刑法・民法・商法・刑事訴訟法・民事訴訟法）が日本にも整備されたのです。

内閣は議会と関係ない？

帝国議会（国会）の開催を前に、1890（明治23）年7月1日、初の衆議院議員選挙が行われます。選挙権を与えられたのは、直接国税（地租と所得税）15円以上を納める満25歳以上（被選挙権は30歳以上）の男性のみで、当時の人口の1・1％しか該当せず、富裕層に限られていました。投票率はきわめて高く、93・73％でした。300議席のうち、自由党や立憲改進党など民権派の議員が半数以上の171議席を獲得します。

当時の首相は山縣有朋で、黒田内閣で逓信大臣だった後藤象二郎を続投させます。自由党は後藤の黒田内閣入りをめぐって内紛に陥り、政府との関係や組織運営の方針の違いから板垣退助が率いる愛国公党、大井憲太郎《おおいけんたろう》・中江兆民らの再興自由党、河野広中《こうのひろなか》らの大同倶楽部《だいどうくらぶ》などに分裂していました。しかし、第1回衆議院選挙のあとに再統合し、「立憲自由党」（184ページの図を参照）と改称します。

一方の貴族院は、華族のうち公爵・侯爵の爵位を持つ者は無条件に議員資格を持ち、伯爵・子爵・男爵はそれぞれと同じ爵位の者同士の選挙で議員を決定しました。このほかに、内閣の推薦《すいせん》を受けた元官僚などが議員に任命されていました。ただ衆議院と異なり、政党の影響力は弱く、明治時代の段階では政府に同調する議員が多数でした。

現在の日本国憲法では内閣の過半数を国会議員とすることが定められ、議会で最大多数の政党の議員から内閣が構成されることが通例です。ところが、大日本帝国憲法に国務大臣を選出する方法の規定はありません。最初に成立した伊藤内閣より、閣僚は元老（長州・薩摩閥を中心とする有力者）の話し合いで決められていました。

大日本帝国憲法が発布された直後、首相の黒田が「政府は超然《ちょうぜん》として、政党の意見に左右されない」などという趣旨《しゅし》の演説をします。超然という言葉には「物事にとらわれず、世俗《せぞく》にとらわれない」という意味があり、以後、この政治姿勢は「超然主義」と呼ばれ、その主義のもとで生まれた内閣は「超然内閣」といいます。

超然主義は藩閥《はんばつ》による権力独占の面があるものの、当時は高額納税者しか選挙権がなく、必ずしも議会の多数派の政党の主張が大半の国民の声を代弁しているとはいえませんでした。そのため、政府が議会内の多数派の勢力に同調しないという方針には、富裕層から距離を置く一面もありました。

初回から議会は大荒れ

帝国議会の開催に先立ち、これまで立法を担っていた元老院は廃止されました。そして1890（明治23）年11月29日、第1回となる帝国議会がいよいよ開催されます。最初の議会で最大の争点となったのは政府歳出（年間支出）でした。

山縣内閣はロシアの勢力拡大（くわしくは本章で後述）に備えるべく、政府歳出の3割を軍事費とする予算案を提案します。ところが、民党（立憲自由党と立憲改進党など政府に批判的な政治勢力の総称）はこれに猛反対し、政府歳出の削減と減税によって国民の負担を減らす方針（民力休養）を強く唱《とな》えました。山縣内閣は立憲自由党の一部の議員と交渉するなど妥協点《だきょうてん》を探りますが、結局、内閣の提出した政府歳出の8332万円から約13％にあたる631万円を削減することで決着しました。

現在の日本国憲法では国会が立法権を有していますが、大日本帝国憲法における帝国議会は立法権を有する天皇に協賛する機関とされています。それでも、法律や予算は帝国議会で可決しなければ成立しないため、これ以降も政府による民党の幹部との直接交渉、場合によっては議員の買収・暴力によるおどしなどを交えた議会工作が行われます。

山縣は議会との対立を乗り切って予算を成立させると退陣し、松方正義が次の首相となりました。続いて1891（明治24）年11月に開かれた第2回帝国議会でも、政府が提出した予算案に対して民党が軍事費の削減を強くうったえます。これに薩摩出身で海軍大臣だった樺山資紀《かばやますけのり》が憤《いきどお》り、「今日の国の安寧があるのは誰の功か！」と演説したことで議会は荒《あ》れます。この蛮勇《ばんゆう》演説を機に、予算が成立しないまま衆議院は解散します。

この翌年の衆議院選挙では、長州出身で内務大臣を務める品川弥二郎《しながわやじろう》が武装警察官や民間の政府支持者を動員し、板垣退助の地盤である高知県や、大隈重信の地盤である佐賀県などで、暴力的な手段も用いて選挙活動を妨害《ぼうがい》します。政府と民党、双方の支持者の衝突により25人もの死者が出ました。負傷して政治活動に支障をきたす議員まで現れ、衆議院における民党の議席は半数以下となります。

1892（明治25）年5月に開かれた第3回帝国議会で政府による選挙妨害は非難され、品川は内務大臣を辞任します。それでも政府への批判は収まらず、閣内での意見の不一致もあり、松方は首相を辞任しました。

松方の辞任後、伊藤博文が再び首相に就任します。1892（明治25）年8月に発足した第二次伊藤内閣は、井上馨、山縣有朋、大山巌《おおやまいわお》、黒田清隆ら藩閥の重鎮《じゅうちん》を閣僚にそろえたことから「元勲《げんくん》内閣」と呼ばれました。

その一方で伊藤は、後藤象二郎を農商務大臣、陸奥宗光《むつむねみつ》を外務大臣として入閣させることで、板垣退助を中心とする自由党を味方に引き込もうとします。陸奥は長州閥とも薩摩閥とも無縁な紀伊《きい》（現在の和歌山県）出身で、青年期には坂本龍馬《さかもとりょうま》が設立した海援隊に属し、坂本と同じ土佐出身の板垣とも親交がありました。西南戦争の際、陸奥は西郷隆盛との連携をはかったために投獄《とうごく》されますが、出獄《しゅつごく》後は駐米公使兼メキシコ公使などを務め、日墨通商修好条約の成立に寄与します。外相に就任後は、元ドイツ公使で前任の外相だった青木周蔵《あおきしゅうぞう》と連携して、条約改正に取り組みます。

そうして1892（明治25）年11月に開かれた第4回帝国議会においても、政府が提案する海軍増強を目的とした巨額の軍事費に対して民党は猛反発し、伊藤は明治天皇の裁断をあおぎます。天皇は政府と議会の協調を説いた詔勅《しょうちょく》（和協《わきょう》の詔勅）を発し、天皇みずから内廷費《ないていひ》（皇族の日常生活などに関わる費用）の一部を削減して軍事費にあてることを表明します。この結果、民党は妥協し、予算案は成立しました。

以降も、「初期議会」と呼ばれる第1回から1894（明治27）年5月から開かれた第6回帝国議会まで、政府歳出や外交方針をめぐって内閣と民党の衝突が続きます。

政府をゆるがした傷害事件

議会で政府が予算案に巨額の軍事費を割りあてた背景には、朝鮮をめぐる清との関係悪化と、朝鮮半島への進出をはかるロシアの存在がありました。北方に位置するロシアは不凍港《ふとうこう》（冬でも海岸が凍結せず機能する港）を求め、19世紀に入る前後からヨーロッパでもアジアでも、南方への勢力圏の拡大を進めていました。これを南下政策といいます。日本の幕末期、ロシアは清とイギリス・フランス連合軍との戦争（アロー戦争）の終結を仲介した見返りに、清から日本海に面した沿海州を獲得すると、１８７３（明治６）年に太平洋における軍事拠点としてウラジオストクを建設します。

当時、オスマン帝国もロシアの南下におびやかされ、西洋諸国と不平等条約を結んでいました。そのオスマン帝国は同じ立場にある日本との対等な条約の締結を望み、交渉のための使節団が１８９０（明治23）年に軍艦エルトゥールル号で来日します。使節団は政府の歓待《かんたい》を受け、エルトゥールル号で帰国の途につきますが、和歌山県沖で暴風により遭難《そうなん》します。６００名を超える乗員のうち69人が近隣住民に救助され、日本各地から義援金が寄せられ、生き残った乗員は日本海軍の艦艇《かんてい》によって母国に送り届けられました。それからおよそ100年後の1985（昭和60）年、イラン・イラク戦争の際にイランに滞在していた日本人を脱出させるため、トルコ政府は航空機を調達しています。エルトゥールル号の遭難者を救助して以来、両国は深い絆《きずな》で結ばれているのです。

ロシアは1891（明治24）年から、主要都市であるモスクワとウラジオストクを結ぶシベリア鉄道の敷設《ふせつ》を進め、東アジア地域で影響力を拡大しつつありました。その最中、日本とロシアが武力衝突に発展しかねない事件が日本で起こります。

同年、ロシア皇太子ニコライ（のちのロシア皇帝ニコライ2世）が、従兄弟《いとこ》でギリシャ王国の王子とともに、シベリア鉄道の起工式への出席を兼ねてアジア各地を訪れ、その途中で日本に立ち寄りました。2人は各地で歓待を受け、滋賀県大津町（現在の大津市）を訪れた際、ニコライが警護担当の巡査である津田三蔵《つださんぞう》に斬《き》りかかられ負傷します（大津事件）。即座に津田は捕縛《ほばく》されます。津田は西南戦争で官軍として参加した経験を持つ元軍人で、犯行動機は反ロシア感情によるものとも、西南戦争後に西郷隆盛《さいごうたかもり》が逃げのびてロシア政府にかくまわれているという噂《うわさ》によるものともいわれます。

ニコライは命に別状はなかったものの、日本政府と日本国民はこの事件をきっかけに大国であるロシアと戦争になるとおそれました。ニコライは帰国することになり、日本政府はロシア側の感情を害さないように気を配り、明治天皇みずから神戸港に停泊《ていはく》するロシア軍艦を訪れてニコライを見舞いました。

津田を非難する声は大きく、時の松方内閣は、津田に大逆罪《たいぎゃくざい》（天皇・皇族への危害に適用され、死刑に処《しょ》される）を適用するよう主張します。しかし、政府が裁判に介入することは行政、立法、司法の三権分立に反します。大審院長（現在の最高裁判所長官に相当）だった児島惟謙《こじまこれかた》は、大逆罪は日本の皇族への危害を対象とした罪状であるとして謀殺《ぼうさつ》未遂罪を適用し、津田を無期懲役に処しました。

児島の判断は、政府から司法の独立を守る行動として評価されています。ただ、児島は宇和島《うわじま》（現在の愛媛県南西部）出身で、長州・薩摩閥に属さないため、大津事件の担当判事に対して政府の判断ではなく自説に従うよう直接説得したともいわれ、司法の独立という側面だけでなく、児島個人の判断が強行された側面もありました。津田はその後、北海道の釧路集治監《くしろしゅうちかん》に送られ、服役中に病死しました。

日本をゆるがした大津事件ですが、ロシア側では明治天皇が直接ニコライを見舞ったことなどが評価され、ロシアとの致命的な関係悪化は避けられました。とはいえ、事件の影響とは関係なく、ロシアの東アジアへの勢力拡大は以降も続きます。

国家のための国民への教育

憲法や各種の法律の制定とともに、教育現場では天皇に忠誠《ちゅうせい》を尽くし、国民に国家へ奉仕《ほうし》するよう説かれます。近代的な学校教育の普及とともに人権に関する西洋思想も広まり、自由民権運動など政府に批判的な活動が激化したため、これらの動きを抑え、国家に忠実な人材を育てるという意図がありました。

第一次伊藤内閣で文部大臣だった森有礼《もりありのり》のもと、1886（明治19）年に定められた帝国大学令によって東京大学は帝国大学に改組・改称され、「国家の必要に応じる人材を養成する」ことが明文化されます。その後、進学希望者の増加とともに、西洋諸国と同じように大学の数を増やすべきという議論が高まります。1897（明治30）年には京都帝国大学が創設され、東京の帝国大学は東京帝国大学と改称されました。さらに、昭和初期までに九州、東北、名古屋、大阪、北海道の各地に加え、日本の統治下にあった京城《けいじょう》（現在のソウル）と台北《タイペイ》にそれぞれ帝国大学が創設されていきました。

森は帝国大学令のほか、師範《しはん》学校令、中学校令、小学校令の制定にも関わり、教育制度の確立に貢献しました。ところが、伊勢神宮を参拝した際に不敬な態度をとったと噂され、1889（明治22）年の憲法発布記念式典の日に国粋主義者に暗殺されました。

1890（明治23）には小学校令が改正され、尋常《じんじょう》小学校（この段階では

◉学校の系統（1892年時点）

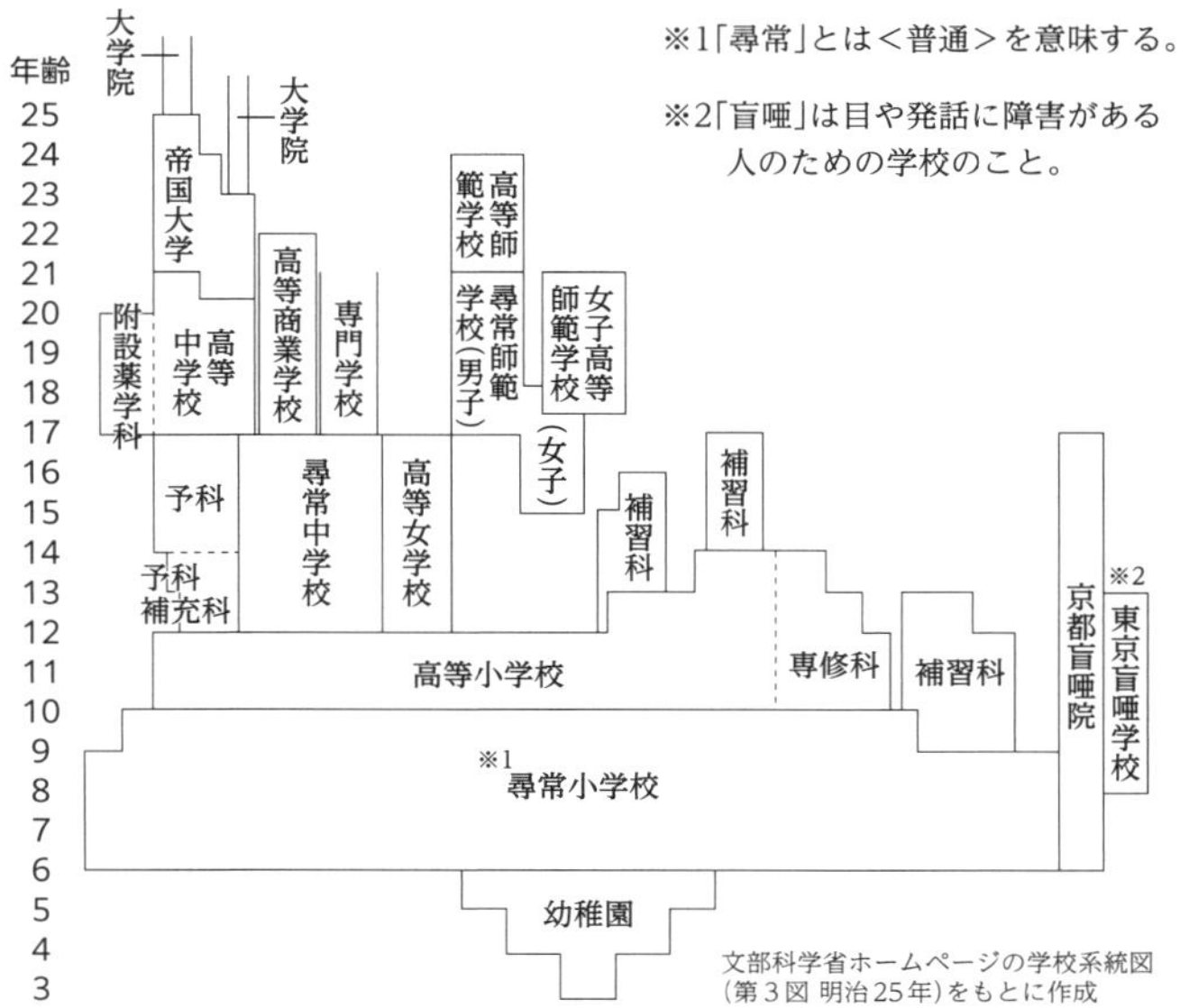

※1「尋常」とは<普通>を意味する。
※2「盲唖」は目や発話に障害がある人のための学校のこと。

文部科学省ホームページの学校系統図（第３図 明治25年）をもとに作成

4年生まで）の授業料が無償化《むしょうか》され、庶民が教育を受ける機会が大幅に広がります。

小学校令と同時に、明治天皇が国民に向けた教育の基本方針として、「教育勅語《ちょくご》」（教育ニ関スル勅語）が発布されました。これは、儒教の道徳観を反映したもので、当時、法制局の長官だった井上毅と、明治天皇の教育係を務めた儒学者の元田永孚《もとだながざね》が中心となって作成されました。教育は先祖から伝わる日本古来の精神にもとづくべきであると書かれ、具体的には「父母に孝行を尽くし、夫婦の仲を大事にし、学問を修めて努めて善良有為の人物となること」「一身を捧《ささ》げて皇室国家のために尽くすこと」などが記され、さらに皇族と臣民がこれらを忠実に守るように説かれています。教育勅語の謄本《とうほん》（原本を忠実に写したもの）は全国の学校に配布されたうえ、教師と生徒は勅語を読み上げる奉読式《ほうどくしき》を行うことが義務づけられ、謄本を粗末《そまつ》にあつかうことは、天皇に対する不敬とみなされました。

ただし、教育勅語とそこに記されている価値観は、教育界との摩擦《まさつ》を生じます。

明治期の教育界ではアメリカの宣教師チャニング・M・ウィリアムズが創設した立教学校（現在の立教大学）をはじめ、西洋人によるキリスト教系の学校が西洋文化や外国語の普及に寄与し、岩倉使節団に随行《ずいこう》したのち同志社（現在の同志社大学）を創設した新島襄《にいじまじょう》など、キリスト教徒の教育者が多数いました。札幌農学校でアメリカ人の植物学者ウィリアム・S・クラークの教えを受けて英語教師となった内村鑑三《うちむらかんぞう》もその1人です。

その内村が東京府尋常中学校（現在の東京都立日比谷高校）に在職していた1891（明治24）年1月、キリスト教への信仰心のもと奉読式で教育勅語の謄本への拝礼を拒否したところ、不敬とみなされて職を追われます（内村鑑三不敬事件）。教育界では内村を非難する意見が強かったものの、なかには擁護《ようご》する人々もおり、内村はその後も各地のキリスト教系学校で教師を務めました。そもそも、大日本帝国憲法は安寧《あんねい》や秩序《ちつじょ》に反しない範囲で信教の自由を認めており、教育勅語への拝礼に法的な根拠はなかったにもかかわらず、拝礼はしだいに強制となっていきます。

天皇の統治を国民にアピール

明治時代の中期から後期にかけて、教育勅語とともに全国の学校に天皇と皇后の写真である御真影《ごしんえい》が配布され、紀元節（建国記念日）、天長節《てんちょうせつ》（天皇誕生日）などの行事では、教師と児童・生徒が御真影に拝礼することが義務づけられました。

この御真影に使われたのが、西洋風の軍服を着用した明治天皇の写真です。この写真は、じつはイタリア人の画家エドアルド・キヨッソーネが描いた肖像画を撮影したものです。キヨッソーネは大蔵省に雇《やと》われ、紙幣《しへい》や郵便切手の原版のデザインを担当していました。よく知られている西郷隆盛の肖像画も、西郷の死後に関係者の証言をもとにキヨッソーネが描いたものです。

西洋諸国では当時、官庁や在外公館に国家元首の肖像を掲《かか》げていました。これにならって御真影は各地の自治体に配布されます。洋服を身につけた明治天皇の御真影が飾られたのは、かつての欧化政策と同じく、日本が西洋文化を受け入れていることを国内外にアピールするという側面もありました。

洋装の印象が強い明治天皇ですが、16歳で東京に移り住むまでは京都御所で伝統的な価値観を持つ公家に囲まれて育ちました。普段は京都弁で話し、畳《たたみ》の部屋で生活を送り、和歌や能楽など日本の伝統芸能を愛好しました。成人後、外交の場で西洋諸国の要人と接する機会が増えると、洋装と西洋料理のテーブルマナーや外国語を身につけます。

教育係の元田からは『論語』をはじめとする儒学《じゅがく》の古典や、中国王朝の唐《とう》（618〜907年）の時代に編纂《へんさん》された『貞観政要《じょうがんせいよう》』（唐の皇帝である太宗《たいそう》とその臣下の問答による政治論）を通じて帝王学を学びました。少年期には『三国志』『源平盛衰記《げんぺいせいすいき》』『太閤記』といった物語を愛読し、当時の皇族としてはめずらしく乗馬を好み、男性の公家に化粧《けしょう》をやめさせるなど、力強さや質素さを重んじる価値観を持ち合わせていました。これは、西郷隆盛や木戸孝允らの影響もあったようです。

また、歴代の天皇は京都御所を離れることはほとんどなく、人前に姿を見せることもありませんでした。しかし、明治天皇は積極的に国内を巡幸《じゅんこう》したほか、政府の催事《さいじ》に出席することで自身の存在を国民に強く印象づけます。皇室の祖とされる天照大御神《あまてらすおおみかみ》を祀《まつ》る三重県伊勢《いせ》市の伊勢神宮を初めて参拝したのも明治天皇とされ、これも古くから続く天皇家が日本を統治してきたことを国民にアピールする意図がありました。

近代文学と「日本語」の成立

当時の学校の教科書や学者の書く論文、官庁の公文書などは、日常会話に使われる口語体の日本語ではなく、「～にて候《そうろう》」「～が如《ごと》くあるべし」といった表現を使う、書き言葉用の文語体でした。なお、漢文の訓読では読み仮名や送り仮名に片仮名《かたかな》を使う習慣があったことから、現在のような漢字と平仮名《ひらがな》が混じった文章だけでなく、漢字と片仮名が混じった文章を目にすることも当時は多かったのです。

小説家の二葉亭四迷《ふたばていしめい》は、人物の心情や会話の場面をリアルに表現するため、1887（明治30）年に、初めて口語体をそのまま書き言葉にした「言文一致体」の小説『浮雲《うきぐも》』を著《あらわ》します。四迷は、劇作家・評論家の坪内逍遥《つぼうちしょうよう》が、人間の心理をえがく近代文学のあり方を論じた『小説神髄《しんずい》』の強い影響を受けていました。

明治時代中期には文語体と言文一致体（口語体）が両方とも使われ、作家によって文体が異なりました。たとえば陸軍の軍医でもあった作家の森鷗外《もりおうがい》（森林太郎《もりりんたろう》）は、ドイツ留学での体験をもとにした文語体の小説『舞姫《まいひめ》』を発表しました。遊郭《ゆうかく》の少年少女を題材にした樋口一葉《ひぐちいちよう》の『たけくらべ』は、擬古文《ぎこぶん》（雅文体《がぶんたい》）と呼ばれ、やや口語体に近い文語体でした。その後、しだいに口語体の読み物が多数になります。

明治期には官公庁や主要な教育機関、出版社、新聞社などが東京に集中し、作家の多くも東京に集まっていたことから、結果的に、言文一致体は東京の庶民の口語に近い表現となりました。これが現在も全国的に使われる標準語の母体といえます。

江戸時代までの日本語は地域によって方言の違いが大きく、しかも、公家、武家、農民、町人といった身分ごとにも言葉遣《ことばづか》いが異なりました。こうしたなか、文学作品や新聞、雑誌といった全国に流通するマスメディアを通じて、口語体の標準語が広がったこと（国語の統一）は、国民の一体感を高めることになります。これは日本に限らない現象で、フランスやドイツほかの西洋諸国も、19世紀に国民国家が確立される過程で統一的な国語が成立しています。言文一致体を広めた四迷ら作家もこの点を意識しており、西洋諸国での標準的な言語の成立過程を学んでいた者が少なくありません。

言文一致体は民間の文学者から広まったもので、政府の文書や公教育の場では文語体が使用されました。しかし、明治30年代に多くの出版物で言文一致体のほうが一般的になると、政府関係者も日本語の表現の統一を意識し、１９０４（明治37）年には、文部省が作成した小学校の国定教科書に言文一致体を採用することが定められます。

ちなみに、江戸時代まで日本語の文章で句読点が使われることはほとんどなく、その用法も統一されていませんでした。しかし、明治期に活字を用いた印刷物が流通することで、しだいに句読点の使用が定着します。明治時代末期になると、文部省が学校教科書の統一のため、句読法案が明文化され、一般的な句読点の用法が確立されました。

報道や政治論を主張するメディアも発達し、板垣退助や中江兆民らと親しかった文筆家の徳富蘇《とくとみそ》峰《ほう》は、1887（明治20）年に雑誌『国民之《こくみんの》友《とも》』を創刊し、民権派の政治家の論説や、先にふれた二葉亭四迷や森鷗外、明治時代中期の流行作家だった幸田露《こうだろ》伴《はん》や尾崎紅《おざきこう》葉《よう》らの小説を掲載しました。ジャーナリストの三宅雪《みやけせつ》嶺《れい》は1888（明治21）年に雑誌『日本人』を創刊し、翌年に陸羯南《くがかつなん》が新聞『日本』を創刊します。三宅や陸は政府の欧化政策を批判して、伝統的な日本文化を擁

そのころ、世界では？

1887年、世界的に有名な探偵小説が刊行開始

19世紀後半のイギリスは世界各地に植民地を持つなど繁栄《はんえい》し、大衆小説などの娯楽文化が発展しました。作家のコナン・ドイルは探偵《たんてい》小説のシャーロック・ホームズシリーズを執筆《しっぴつ》して人気を博します。

護しました。

芸能の分野でも、西洋の近代的な演劇にならった新劇（新興演劇）が普及します。一部の演劇関係者は自由民権運動と結びつき、政府による政治演説の規制を避けつつ、民権派の思想を人々に伝えるために壮士劇《そうしげき》（壮士芝居）を公演しました。壮士劇の役者で福岡出身の川上音二郎《かわかみおとじろう》は、民権派の演説を独特の節回しで歌にした「演歌」を広めます。明治時代中期にはまだラジオやレコードがありませんでしたが、川上による政治風刺《ふうし》を込めた歌謡曲《かようきょく》の『オッペケペー節』は全国的な流行歌となりました。

庶民の間では江戸時代から引き続き、歌舞伎《かぶき》、浄瑠璃《じょうるり》、落語、講談などが人気でした。歌舞伎台本作者の河竹黙阿弥《かわたけもくあみ》は西洋演劇の影響を受け、歌舞伎に近代的な作劇《さくげき》や感情表現を導入しました。歌舞伎役者の9代目市川團十郎《いちかわだんじゅうろう》は、正確な時代考証などの新要素をとり入れ、明治天皇をはじめ皇族ら列席のもとで歌舞伎を公演しています。落語家の初代三遊亭円朝《さんゆうていえんちょう》は、江戸時代の落語の多くを口述筆記させて広め、江戸の庶民の口調を文章の形にしたことによって言文一致運動にも影響を与えました。

明治時代の偉人❸

学校の授業でおなじみの作曲家

滝廉太郎

Taki Rentarou

1879（明治12）〜
1903（明治36）年

西洋音楽の普及に貢献する

童謡《どうよう》の『鳩《はと》ぽっぽ』や、『荒城《こうじょう》の月』『四季』ほか学校で習う有名な唱歌を作曲したのが、滝廉《たきれん》太郎《たろう》です。

日出《ひじ》藩（現在の大分県東部）出身で大蔵省の官僚だった滝吉弘《よしひろ》の長男として滝は生まれました。幼児期を過ごした横浜で、当時まだめずらしかったバイオリンなど西洋の楽器にふれ、音楽の才能を開花させます。

高等師範付属音楽学校（現在の東京藝術《げいじゅつ》大学の前身の１つ）を首席で卒業したのち、20 歳で日本人による初のピアノ曲である『メヌエット』を作曲します。1901（明治 34）年、ドイツのライプチヒ音楽院に留学しますが、健康を害して帰国し、23 歳で死去しました。

作曲した『箱根八里』『雪やこんこん』『お正月』『桃太郎』ほか、数々の唱《しょう》歌《か》や童謡は学校教育を通じて人々に親しまれ、明治時代の民衆が西洋音楽を受け入れていく下地となっていきました。

第四章

海外進出を本格化

条約改正の第一歩

　政府と議会の対立が続くなか、松方正義《まつかたまさよし》のあとを受けた第二次伊藤《いとう》内閣は1892（明治25）年8月に発足しました。このころの海外に目を向けてみると、イギリスが1858年にインド（英領インド帝国）を支配下に置き、さらに中央アジアに進出するなど世界各地に植民地を広げ、世界の覇権《はけん》を握っていました（パクス・ブリタニカ）。そのイギリスに対抗していたのが、やはり中央アジアで勢力の拡大を目論《もくろ》むロシアでした。この中央アジアをはじめ、地中海から極東におよぶ両国の駆《か》け引《ひ》きを、イギリスの政府関係者はチェスの盤面になぞらえて、グレート・ゲームと呼んでいました。

　ロシアは1891（明治24）年からシベリア鉄道の敷設《ふせつ》に着手しており、これが完成すれば、アジア方面への兵員や武器の輸送が大幅に増強されるため、イギリスは警戒心を強めていました。外務大臣だった陸奥宗光《むつむねみつ》はこの両国の状況に目をつけます。日本と同じく、ロシアと対立するイギリスと友好関係を深めて条約改正に持ち込み、それに続く形でほかの国々とも条約改正しようと考えたのです。

イギリスとの直接交渉は、前外務大臣で駐英公使の青木周蔵《あおきしゅうぞう》が担当しました。そして、外国人居留地に限定せず、イギリス人に日本での活動の自由を認めること（内地開放）と引きかえに、治外法権の廃止を盛り込んだ日英通商航海条約が、１８９４（明治27）年に調印されます。

陸奥のねらいどおり、イギリスが条約改正に応じたことによって、ほかの西洋諸国も交渉に応じ、１８９４（明治27）年から翌年にかけて、アメリカ、フランス、ドイツなどもイギリスと同じ内容の条約を結んでいきます。この背景には、日本でも憲法が制定され、自国と同じように、憲法にもとづいて議会政治が行われるようになったことが西洋諸国に認められたという面もありました。

日清戦争のはじまり

日本政府はかねてより、朝鮮がロシアの勢力圏とならないよう、日本に友好的な朝鮮の改革派を支援したほか、朝鮮の軍隊に日本人の教官を派遣《はけん》するなどの介入をはかっていました（98ページ参照）。

日本はさらに、朝鮮を繊維《せんい》製品の市場（輸出先）とします。１８７６（明治9）年に結ばれた日朝修好条規は、日朝両国ともに関税をかけない自由貿易としていたことから、安価な日本製品が流通し、朝鮮の商工業は大打撃を受けます。しかも、日本が朝鮮から大量に農産物を輸入していたことで、朝鮮国内での食料品の不足とその価格上昇を招き、自国の政府への不満と日本への反発が高まっていきます。

１８９４（明治27）年1月にその不満がついに爆発し、朝鮮において国内政治の腐敗《ふはい》と外国勢力の打破を唱《とな》える内乱が起こります。乱の指導者たちは儒教《じゅきょう》、仏教、道教の要素を混合した東学《とうがく》という思想を信奉《しんぽう》していたことから東学党の乱と呼ばれ、干支《えと》が甲午《こうご》の年に起こった乱が戦争へと発展したことから甲午農民戦争ともいいます。東学はもともと、西洋の学問やキリスト教（西学《せいがく》）に対抗する思想でしたが、朝鮮で勢力の拡大をはかる日本も敵視していました。

反乱が激化すると、朝鮮政府の主導権を握っていた閔氏《びんし》政権は乱を鎮圧《ちんあつ》するため宗主国である清《しん》に出兵を求め、これに応えて清軍が6月に派遣されます。ほどなくして、朝鮮に居留する邦人の保護を理由に、日本も朝鮮に８０００人の部隊を送り込みました。

日本の軍事的な圧力による内政への介入をおそれた閔氏政権は反乱軍と講和したうえで、日清両国に撤退《てったい》を要請しましたが、両軍とも撤退しません。

じつはもともと、首相の伊藤は清との武力衝突を避け、日本と清が共同で平和的に朝鮮の改革を進めるつもりでした。ところが、外務大臣の陸奥は派兵を強く主張します。陸奥は日英通商航海条約の交渉を通じて、朝鮮をめぐる日本と清との対立にイギリスの不介入をとりつけていたからです。実際にイギリスの動きはおおむね日本に好意的でした。ロシアは日本に対して朝鮮から撤兵するよう求めましたが、イギリスはロシアが朝鮮をめぐる問題に介入することを懸念《けねん》し、共同で日本と清の対立を調停するようロシアを含む西洋諸国に呼びかけます。ロシアはイギリスとの衝突を避けるために呼びかけに応じ、朝鮮への介入を控《ひか》えるようになりました。これで西洋諸国の介入はないと判断した日本政府は、清との戦争を辞さない態度をとります。

日本政府は閔氏政権に対して、朝鮮の内政の自立を守るため清に撤兵を要請するよう求めます。拒絶されると、7月23日に日本軍は都である漢城《かんじょう》の王宮を占拠《せんきょ》し、閔氏政権と対立関係にあった国王の高宗《こうそう》と大院君《たいいんくん》を味方につけ、改革派の政治家である金弘集《きんこうしゅう》を中心とした政権を樹立させたうえ、清に撤兵を要求します。とはいえ、なおも朝鮮の政治家と国民の間では清を支持する声が強く、清は要求に応じません。両国の緊張が高まるなか、7月25日に両国の海軍が、朝鮮半島の西岸に位置する牙山湾《アサン》の豊島《ほうとう》沖で偶発的に交戦します。

8月1日に日本政府は清に対して宣戦布告し、いよいよ戦争（日清戦争）が始まります。日本側が掲《かか》げた開戦の理由は、表向きは朝鮮の独立維持でした。ただ、真の目的は清に代わって朝鮮の国政の主導権を握ることにありました。明治天皇は内閣の決定にのっとって宣戦の詔勅《しょうちょく》を公布しましたが、宮内《くない》大臣の土方久元《ひじかたひさもと》に「今回の戦争は朕《ちん》（高位の人物による自称）もとより不本意なり。閣臣（閣僚）ら戦争のやむべからざるを奏《そう》する（進言する）により、それを許したるのみ」と語ったといいます。

近代化の差が生んだ勝敗

開戦後、戦時の最高司令部である大本営は東京府の宮城（皇居）に設置されたのち、1894（明治27）年9月15日には、戦地へ物資や兵員を送り出す港がある広島県広島市に移されます。陸軍は鎮台《ちんだい》（57ページ参照）に代わって、1888（明治21）年に師《し》団《だん》を設置し、東京鎮台を第1師団、仙台鎮台を第2師団、名古屋鎮台を第3師団、大阪鎮台を第4師団、広島鎮台を第5師団、熊本鎮台を第6師団としました。広島には第5師団の司令部が置かれていました。

日清戦争は明治政府にとって初めての本格的な対外戦争です。清は1840年代のアヘン戦争などで西洋諸国に敗れたとはいえ、依然としてアジアの大国であることには変わりません。大本営の設置にともない、明治天皇をはじめ、政府の閣僚《かくりょう》、軍の高官も広島に移り、10月には広島で臨時の帝国議会も開催されたことから、あたかも首都が移転したかのような騒ぎでした。すでに1889（明治22）年7月には東海道線が全線開通しており、開戦直前には山陽鉄道（現在のJR山陽本線）が兵庫県神戸市から広島市まで開通し、兵器をはじめとする物資や兵員の輸送に活用されます。

朝鮮における日本の陸海軍は序盤《じょばん》こそ苦戦しますが、着実に戦果を重ねていきます。1894（明治27）年9月16日に陸軍が平壌《ピョンヤン》を占領し、翌日には海軍が黄海《こうかい》海戦で清の北洋艦隊を破りました。勝利が続くなか、広島で行われた帝国議会では、それまで政府と対立していた民権派もこぞって戦争支持に回り、政府が提出した軍事関係の予算案にも賛同しています。

日本軍は朝鮮半島から清の領内にまで進攻し、11月22日には北洋艦隊の基地が置かれていた遼東《りょうとう》半島の旅順《りょじゅん》を占領します。

ただ、すべてが順調だったわけでもなく、旅順の戦闘では、敗走する清軍を追撃する過程で近隣の一般市民も巻き込むことになり、日本軍の行動は現地にいた欧米の記者によって批判的に報道されました。

翌1895（明治28）年2月12日、日本の陸海軍が北洋艦隊の本拠地があった山東《さんとう》半島の威《い》海衛《かいえい》を占領すると、北洋艦隊の指揮官で李鴻章《りこうしょう》の腹心だった丁汝昌《ていじょしょう》は降伏します。

もはや抵抗する力を失った清は休戦交渉に応じ、李鴻章を全権大使として日本に派遣

◉日清戦争

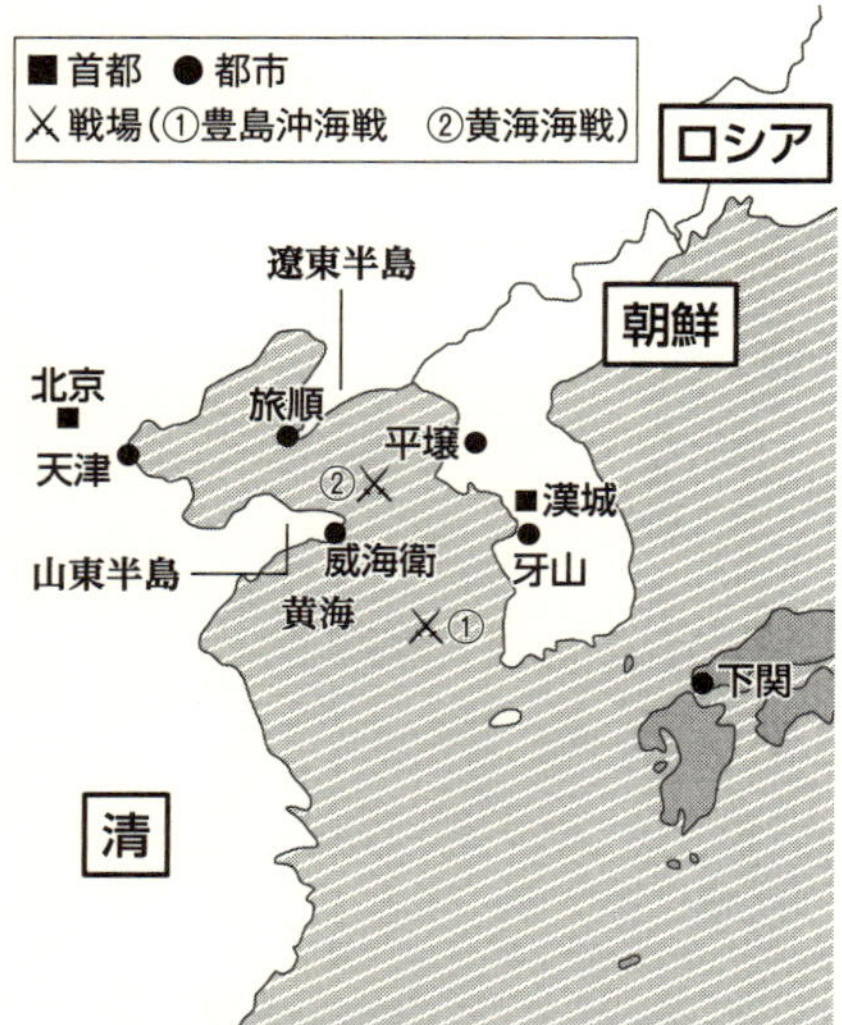

します。4月17日に山口県下関《しものせき》市において、伊藤・陸奥と、李鴻章の間で交渉が行われ、講和条約(下関条約/馬関《ばかん》条約)が結ばれ、日清戦争は日本の勝利に終わりました。日清戦争を通じて日本側が投入した兵力は約24万人、清側は約98万人と、動員数は清が大きく上回り、北洋艦隊は当時の日本海軍よりも強力な外国製の軍艦を多数そろえていました。しかし、それでも日本が優勢だったのはなぜでしょうか。

まず、日本は政府が国家予算と皇室の資産を明確に区別し、近代的な議会を通じて軍事費が決定され、計画的に軍備が増強されていました。ところが、清側は政府の会計も軍備の計画も杜撰《ずさん》で、日清戦争の数年前、時の皇帝である光緒《こうしょ》帝の後見人だった西太后《せいたいこう》(第9代皇帝である咸豊《かんぽう》帝の皇后)が、海軍の予算を北京《ペキン》にある庭園(頤和園《いわえん》)の整備に流用するなどの理由で、軍艦の修理や装備品の補充・更新が止まってしまいました。

日本はさらに、士官学校や兵学校で近代的な軍事知識を身につけた指揮官を養成する一方、国民に一律に教育をほどこしつつ、徴兵制のもとで〝国民による軍隊〟を組織します。歩兵が使う小銃やその弾丸などの装備品も統一され、末端まで兵の統率がとれていました。対して清軍は、西洋の技術や武器を導入したものの、末端の兵どころか指揮官も十分な軍事教育を受けておらず、型の異なる武器や装備品が混在するため補給も非効率的でした。軍の主力だった淮軍《わいぐん》と北洋艦隊は李鴻章の私兵ともいえる組織で、人事は指揮官の私的な人脈に左右され、国家に対する忠誠心や戦意も欠けていました。

愛国心の大衆化

日清戦争は、徴兵制のもとで一般国民によって組織された軍隊が、本格的に大動員される最初の対外戦争となりました。かつて、1873（明治6）年に徴兵令が導入された当時、大多数の国民は〝自分たちが軍人となって国家を支える〟という意識はまだなく、農業や漁業といった家業の働き手を奪われることを嫌って、徴兵制に反対する一揆《いっき》が起こったほどでした。

とはいえ、それから20年の間に、徴兵制は国民の間に浸透していきました。1889（明治22）年の徴兵令の大改正によって、一家の世帯主とその相続者（主に長男）、一定金額の代人料《だいにんりょう》を払った者に対する兵役免除の制度は廃止され、満17歳から40歳の男性すべてが兵役の対象となります。その翌月に発布された大日本帝国憲法では「兵役の義務」が明文化されました。家族が徴兵されることによって国民の間には戦争の当事者としての意識が高まり、日清戦争を機に愛国心が根づきました。

国民は戦争に関する報道を通じ、遠い戦地にいる兵士を身近に感じました。日清戦争の時期にはすでに数々の新聞と雑誌が刊行され、各社は積極的に、戦闘の推移や兵士の活躍を報道することで国民の注目を集めます。たとえば、作家の黒岩涙香《くろいわるいこう》が刊行した新聞『萬朝報《よろずちょうほう》』は、日清戦争の前年には発行部数が907万部でしたが、開戦後は1457万部に急増しました。

報道の一例をあげると、岡山県の農民で連隊のラッパ手を務めた木口小平《きぐちこへい》という二等兵は、朝鮮での戦闘で銃撃を受けてもラッパを放さず戦死したことから、大いにたたえられました。華族や士族の士官ではなく、農村出身の下級の兵士が英雄視されたのは、日本軍が一般国民からなる軍隊だったことを反映しています。

日清戦争を機に、各地では出征する兵士を激励《げきれい》する送別会や、戦後に帰ってきた兵士を地元の英雄としてたたえる慰労会《いろうかい》が盛んに行われるようになります。一家の主要な働き手が従軍している間、その家族を支えるために義援金を集める運動も広まりました。

幕末の争乱と戊辰《ぼしん》戦争での官軍の戦没者を祀《まつ》る東京招魂社《しょうこんしゃ》を前身とする靖国《やすくに》神社は、日清戦争以降、合祀《ごうし》される戦没者が大幅に増え、日本各地から数多くの戦没者の遺族が訪れる国民的な施設となっていきます。

もっとも、華々しい報道や軍人をたたえる声の裏で、末端の兵士たちは苦しんでいました。当時はまだ公衆衛生が軽視され、戦地では医薬品のみならず清潔な飲料水や食料も不十分だったうえに、兵営では多数の兵士が密集するため、コレラ、赤痢《せきり》、マラリア、脚気《かっけ》などの病気が広まりました。戦死者が1417人だったのに対し、戦場での病死者はその8倍以上の1万1894人にもおよびます。

終戦後は、広島県広島市、山口県下関市、大阪府大阪市の3カ所で、帰還兵に対する大規模な検疫《けんえき》が行われ、国内で感染症が拡大することを防ぎました。この検疫を指揮した後藤新平《ごとうしんぺい》は、戊辰戦争で政府と敵対した仙台藩の出身ながら、愛知医学校（現在の名古屋大学医学部）の校長から内務省の官僚に転じて、衛生局（現在の厚生労働省の前身の1つ）のトップを務めました。後藤は医療以外にも幅広い分野で手腕を発揮《はっき》し、のちには台湾民政局長、外務大臣、南満洲鉄道（満鉄）総裁、拓殖《たくしょく》大学の学長などを務め、大正期には内務大臣として関東大震災後の復興を主導することになります。

余談ながら、日清戦争がきっかけで日本に広まった意外なものがあります。それは野菜の白菜です。白菜は中国大陸の北部が原産で、明治時代中期までほとんどの日本人にはなじみのない食材でした。しかし、農村出身の兵士が現地で調達した食材で食事をとるなかで白菜を知り、故郷に持ち帰って栽培を始めたのです。このことは、日清戦争に民衆が大々的に参加した証でもあります。

勝ったばかりで横やりが入る

下関条約では主に次の5つが定められました。①清から朝鮮を独立させること ②清が日本に2億両（日本の国家予算の約4倍の金額）の賠償金《ばいしょうきん》を支払うこと ③遼東《りょうとう》半島、台湾、澎湖《ほうこ》諸島を日本に譲渡《じょうと》すること ④沙市《さし》、重慶《じゅうけい》、蘇州《そしゅう》、杭州《こうしゅう》を日本に対して開港すること ⑤日本に外交での最恵国待遇《さいけいこくたいぐう》（貿易で最も有利な条件）を与えることです。

ところが、調印からわずか6日後、「日本が遼東半島を領有することは清の都である北京の防衛をおびやかし、東アジア情勢を不安定にさせる」として、ロシアがフランス、ドイツとともに、日本に遼東半島を返還《へんかん》するよう勧告してきます。いわゆる三国干渉《さんごくかんしょう》です。

じつは、日本の勢力拡大を警《けい》戒《かい》するロシアが介入し、それにフランスが同調することは政府も想定していました。フランスはロシアと同盟関係にあり、しかも1884（明治17）年に清からベトナムの支配権を奪い、清の南方から勢力圏の拡大をはかりつつあったからです。ドイツ本土はロシアとフランスに東西から挟《はさ》まれているうえ、東欧のバルカン半島や地中海で潜在的《せんざいてき》にロシアと対立していたため、ロシアに同調することでその警戒心を解き、自国（ドイツ）から目をそらさせて東アジアに向けさせる意図がありました。ほかにも、ドイツ皇帝ヴィルヘルム2世が、黄色人種《おうしょくじんしゅ》を危険視する黄禍論《こうかろん》を唱え、日本の台頭を警

◉下関条約の締結後

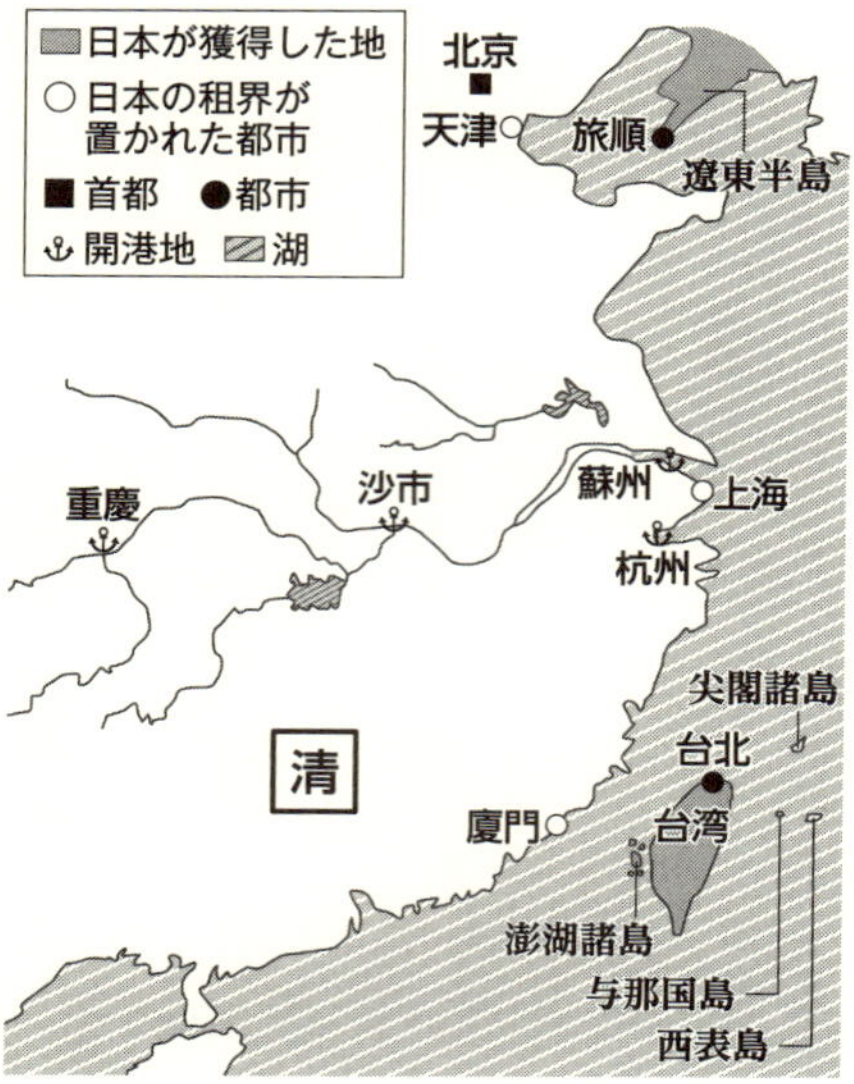

戒していたことも背景にあります。

なお、イギリスも日本への干渉に加わるようロシアから持ちかけられていましたが、時のアーチボルド内閣は、政府と議会の内紛に追われて国外の問題に関わる余裕《よゆう》がなく、日本よりもロシアを警戒すべきという世論が強く、干渉に加わりませんでした。

日本は干渉してきた3カ国を相手にするだけの国力がないため、やむなく、遼東半島を手放します。この一件で国民の間にはロシアへの反発が高まり、政府とマスコミは「臥薪嘗胆《がしんしょうたん》」（復讐《ふくしゅう》を果たすため苦難に耐える意味の中国の故事成語）というスローガンを広めることで、ロシアとの戦争を想定して軍備拡張を支持する世論を形成しました。

なおも火種がくすぶる朝鮮

西洋の大国による三国干渉に屈した反面、日本は清と朝鮮に対しては強気の態度を示します。1896（明治29）年7月には、清との間で日清通商航海条約を結びます。これは西洋諸国の清に対する立場と同じく、日本側の領事裁判権を定め、清の関税自主権を認めない不平等条約です。上海《シャンハイ》、天津《てんしん》、厦門《アモイ》などに日本による租界《そかい》（外国に貸す土地。

利用する国の行政権と警察権が適用される）が築かれ、日本の企業家や官僚、軍人などが次々と赴任《ふにん》し、清における影響力を強めます。

独立国となった朝鮮に対して、日本は自分たちが主導する内政改革を受け入れさせます。ところが、朝鮮国王の高宗と閔妃《びんひ》らは日本が3カ国の干渉に屈したことを機に、日本の内政介入を拒否し、ロシアに接近します。

この事態に、日本公使として着任していた三浦梧楼《みうらごろう》は1895（明治28）年10月、日本の軍人や少数の民間人を動員し、閔妃と敵対していた大院君をかつぎ上げ、親露派を打倒するクーデターを起こし、閔妃を殺害しました（乙未事変《いつびじへん》）。

三浦の行動は日本政府の了承を得ない独断だったことから、三浦は公使を解任されたうえで実行犯らとともに逮捕《たいほ》されます。しかし、日本で行われた裁判の結果、事件への関与は証拠《しょうこ》不十分という理由で、三浦らはほどなく釈放されました。

乙未事変で難を逃《のが》れた高宗は、約3年にわたりロシア公使館にかくまわれて過ごしました。この間に高宗は、清からの独立を内外に示す意味で国号を「大韓帝国《だいかんていこく》」（以降、韓国と呼称）と改め、皇帝として即位しました。一時的に日本と手を組んだ大院君は政治的な影響力を失っており、高宗はロシアとの友好関係を強化して、日本の政治介入を退《しりぞ》けようと模索することになります。

日本初の植民地

先述したように、下関条約の締結によって日本は台湾および隣接する澎湖諸島を領有します。これは日本にとって最初の植民地となります。もとより日本政府は、1874(明治7)年の台湾出兵の時点で台湾の獲得を目論んでいました。日清戦争が起こると、海軍は沖縄県の防衛の観点から台湾の占領を主張しています。日清戦争後、ベトナムから清の南部に勢力圏を広げつつあったフランスと、香港を支配下に置いていたイギリスは、日本による台湾の領有に不満を示しましたが、三国干渉のような事態には発展しませんでした。

とはいえ、日本による台湾の占領は容易ではありませんでした。それまで台湾は清から派遣された巡撫《じゅんぶ》(地方長官)ら官僚が治めていました。彼らと一部の台湾住民は、日本の支配を受け入れようとせず、1895(明治28)年5月に台湾民主国の建国を宣言したのです。一説によれば、近代のアジアで最初の共和政国家ともいわれますが、諸外国から正式な政権として承認されていません。

台湾に上陸してきた日本軍と、台湾民主国軍は衝突し、双方に多数の死傷者が出ます。ただし、台湾民主国のトップである総統が早々と清へと逃亡したため、戦闘開始からおよそ半年後の11月、日本軍によって台湾のほぼ全土は制圧されました。日本は台北に総督府を設置し、天皇から直接任命された総督が台湾一帯と澎湖諸島を統治します。最初の総督は、薩摩《さつま》出身で海軍大将だった樺山資紀《かばやますけのり》です。

これ以降、台湾には次々と日本人が入植していきます。初期の台湾の人口は250万人以上にのぼり、そのほとんどは農業従事者でした。日本本土への食料供

そのころ、世界では？

1896年、近代オリンピックが開催

古代オリンピックの発祥《はつしょう》の地であるギリシャのアテネで第1回オリンピックが開かれ、14カ国が参加し、陸上や水泳など8競技が行われました。日本のオリンピック初参加は1912（明治45）年です。

給地として開発され、米、バナナ、サトウキビなどの作物栽培が進められます。また、台湾に大量に自生するクスノキの樹脂《じゅし》は防虫剤の樟脳《しょうのう》に使われ、さらに火薬や植物性プラスチックのセルロイドの材料にもなりました。総督府は国際的に需要の高まっていた樟脳を専売品とすることで、多大な利益を上げました。

1898（明治31）年、後藤新平が総督府の民政局長（のちに民政長官）として赴任し、鉄道や道路などのインフラ整備を進めました。後藤は産業開発のみならず、熱帯性の伝染病の対策にも力を入れ、台湾住民の生活環境を向上させます。19世紀前半からイギリスは清に麻薬のアヘンを売り込んでいたため、台湾にも大量のアヘン使用者がいました。樺山はアヘンの全面禁止を考えていましたが、後藤はアヘン中毒者の数の多さから困難と判断し、アヘンを総督府の専売品にして収益を上げつつ、段階的にアヘン中毒者を減らしていく方針をとりました。

日本による統治は順調だったかというと、そうとはいえません。台湾民主国への参加者以外にも、日本の統治に抵抗する人々もいました。台湾には清から移ってきた漢民族のほか、マレー系のさまざまな先住民が暮らしており、そのなかでも山地に住む高山族《こうざん》

（日本側は高砂族《たかさご》と呼称）は、日本人を含めた外部の人々との関わりを避けつつ、自分たちの生活圏と独自の文化を守ろうとしたことから、たびたび総督府の役人や軍人と衝突しました。

なお、下関条約による台湾の領有に先立つ日清戦争中の１８９５（明治28）年1月、日本政府は閣議決定によって尖閣《せんかく》諸島の領有を宣言し、沖縄県に編入しています。尖閣諸島は、沖縄県の与那国《よなぐに》島より約１５０キロメートル北方、台湾から１７０キロメートル東方に位置し、魚釣《うおつり》島や久場《くば》島などの無人島で構成されます。これ以前、清の航海に関する文献には尖閣諸島に関する記述があったものの、清は尖閣諸島の領有を宣言しておらず、下関条約では尖閣諸島の帰属に言及していませんでしたが、日本による領有に清からの反論はありませんでした。

第二次世界大戦後、日本は台湾ほかの植民地を手放しましたが、尖閣諸島の放棄は宣言していません。しかしながら、１９７０年代以降、中華民国（台湾）と、中華人民共和国（中国大陸）の政府はいずれも、日本による尖閣諸島の領有は、第二次世界大戦後に無効となったと主張し、日本政府と見解が分かれています。

明治維新を手本とした改革

日本が台湾を獲得し、朝鮮政府への政治的介入を深めるなか、清もロシアとの関係を強化することで日本に対抗しようとします。

1896（明治29）年6月、李鴻章は、ロシアの外務大臣アレクセイ・ロバノフと大蔵大臣セルゲイ・ウィッテとの間で密約（露清密約）を結び、満洲を横断してウラジオストクからシベリア鉄道に接続する鉄道の敷設権をロシア側に認めます。さらにロシアは、東清鉄道《とうしん》（北満洲鉄道）の敷設権も獲得します。これは、三国干渉でロシアが日本から清に遼東半島を返還させた返礼としての側面がありました。ほかにも、日本がロシアまたは清の支配地に侵攻した場合、共同して戦うという軍事同盟の面もありました。

日清戦争に敗れたのち、清は日本に支払う賠償金を確保するために西洋諸国に借金を重ね、その代償《だいしょう》として各国に租借地（相手国が自由に利用できる土地）を提供します。イギリスは広州《こうしゅう》から上海、フランスは江南《こうなん》の沿岸、ドイツは青島《チンタオ》を中心とした膠州《こうしゅう》と天津を租借し、それぞれに工場や商業施設、軍事基地を築きました。満洲の各地はロシアの租借地となり、とくに旅順には大規模な軍港と要塞《ようさい》が建設されます。

近代化が進まないなか、租借地の形で各地が西洋諸国の実質的な支配下に置かれ、清政府の内外で危機感が広がります。光緒帝は、日清戦争の敗戦を招いた李鴻章を北洋大臣から解任し、康有為《こうゆうい》や梁啓超《りょうけいちょう》ら若手の官僚による改革運動を支持しました。彼らは日本の明治維新を手本に、憲法の制定や議会の設置などを行い、清を専制君主政から立憲君主政の国家にすることを目指しました（変法自強《へんぽうじきょう》／戊戌《ぼじゅつ》の変法）。

ところが、光緒帝の後見人だった西太后ら保守派の強い抵抗にあい、改革運動は失敗に終わり、康有為と梁啓超は失脚して日本に亡命しま

◉清政府の抗争

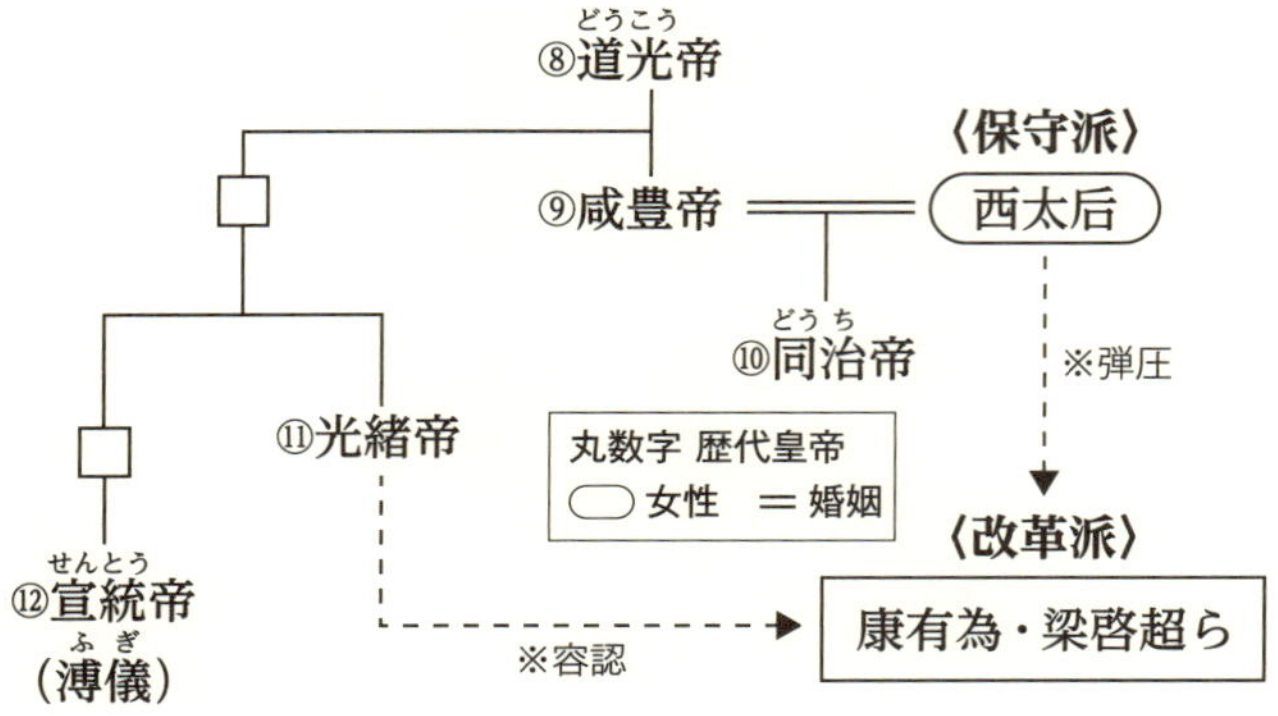

す。このとき、李鴻章の部下だった袁世凱《えんせいがい》が変法派の追放に協力したことで西太后に接近し、李鴻章に代わって淮軍と北洋艦隊を手中に収め、清政府の実力者となります。

中国語になった日本語

変法自強の前から、清の政府で近代化を支持する勢力は近代的な制度や技術をとり入れるため、小規模ながら西洋諸国に留学生を派遣していました。日本はいち早く近代化に成功し、清から近く渡航費用も安く済むため、改革派による日本への留学を勧める意見が出され、１８９６（明治29）年以降、日本への留学生が増えていきます。

当時の日本の政治家、民間の教育者、文化人らの間では、清への対応として3通りの方針が存在しました。１つ目は、清でも日本の明治維新のような改革が可能ならば、これを支援したうえで日本の主導のもと同盟を結ぶ。２つ目は、改革が無理ならば清の打倒を唱える革命運動を支援して革命後の新政権と同盟を結ぶ、というものです。このいずれもアジア主義（１０１ページ参照）に根ざした方針でした。最後の3つ目は、西洋諸国と同じく軍事力で清を征服する方針です。けれども、清の将来の見通しはまだ読めず、政府の内外では3つの方針が混在したまま進められ、清からの留学生の支援は1つ目と2つ目の方針のいずれにも寄与する可能性がありました。

日清戦争の開戦時から戦後の数年間にわたって文部大臣を務めた西園寺《さいおんじ》公望《きんもち》は、積極的に清からの留学生の受け入れを認めました。西園寺から依頼を受け、教育者の嘉納治《かのうじ》五郎《ごろう》は日本語学校を創設すると、留学生を受け入れました。嘉納は「柔道の父」とも呼ばれるように、日本でさまざまなスポーツ競技が普及することに尽力した人物です。

アジア主義を唱える貴族院議員の近衛《このえ》篤麿《あつまろ》（昭和前期の首相である近衛文麿《ふみまろ》の父）も、積極的に清からの留学生を受け入れます。近衛が発足したアジア主義団体の東亜《とうあ》同文会《どうぶんかい》（116ページ参照）には、政治家の江藤《えとう》新作《しんさく》（江藤新平の息子）、副島種臣《そえじまたねおみ》、犬養毅《いぬかいつよし》（昭和初期に首相就任）、東洋史学者の内藤《ないとう》湖《こ》南《なん》ほか多くの人々が協力しました。清からの留学生には女子学生の姿もあり、元宮中女官の下田《しもだ》歌子《うたこ》が1899（明治32）年に創設した実践《じっせん》女学校（現在の実践女子大学）は、彼女たちの主な受け入れ先となりました。

日本への留学生を通じて、日本人が西洋の単語の訳語としてつくった漢字熟語（和製漢語）が清にも普及します。たとえば、科学、哲学、精神、議会、議員、内閣、人民、社会主義、経済、金融、投資、銀行、電話、電報、温度、質量など、明治期につくられた大量の和製漢語が、そのまま中国語に転用され、現在まで定着しています。

賠償金で〝金〟を買う

日清戦争後の政府の重要な課題の1つは、ロシアに対抗するための軍備の拡張でした。そこで清からの賠償金のうち、46％は外国からの軍艦の購入など海軍の増強に、22％は陸軍の増強にあてられました。じつに約3分の2が軍事費に費やされたのです。

日清戦争の前、民権派は議会で軍事費の拡大に反対しました。ただ、外交政策においては西洋諸国や清など諸外国の圧力に屈せず、国益を守ることを強く唱える対外強硬派の議員も少なくありませんでした。そして戦後、戦勝により国民の愛国心が高まると、民権派の議員の多くが軍備の拡張を受け入れます。立憲改進党の中心人物だった大隈重信《おおくましげのぶ》は、対外強硬《きょうこう》派の議員を集結させ、新たに「進歩党」を結成しています。

自由党も政府との協調路線をとり、1892（明治29）年8月に発足した第二次伊藤内閣には板垣退助《いたがきたいすけ》が内務大臣として入閣し、自由党の有力議員だった星亨《ほしとおる》は駐米公使に就任しました。伊藤は大隈も入閣させて政権の安定をはかりますが、板垣の反対により断念します。伊藤は政府内で自由党に反発する勢力から非難されたうえ、辞任した大蔵大臣の後継人事が決まらなかったことから、首相を辞任します。

次の首相には松方正義が再び就任しました。松方は水面下で大隈と協力関係を結び、大隈を外務大臣兼農商務大臣に迎え、進歩党と協調しました。1896（明治29）年9月に発足した内閣は、松方と大隈の名から一字ずつを取って「松隈内閣《しょうわいないかく》」と呼ばれます。

大隈と松方が協力体制をとったのは、双方に目的があったからです。大隈が率いる進歩党の目的は、民権派の活動を守るための言論・集会・出版の自由に対する規制の緩和でした。1897（明治30）年3月に新聞紙条例が改正され、内務大臣の権限で新聞の発行を停止できることを定めた条項が廃止されます。

これに対し、松方の目的は金本位制《きんほんいせい》の導入でした。かつて松方は大蔵卿《おおくらきょう》だったころ、金本位制の導入をはかりましたが、財源の問題からやむなく銀本位制とした経緯がありますす（94ページ参照）。ところがこの時期、国際市場で銀の価格が暴落したことで、外国通貨との交換比率（為替相場《かわせそうば》）において円の価値が下落していました。そこで松方は、清からの賠償金を使って海外から大量の金塊《きんかい》を購入すると、1897（明治30）年10月に金本位制へ切りかえ、円の価値を安定させました。

もともと松方の属する薩摩閥は、進歩党に反発する意見が根強く、大隈と松方はそれぞれの目的を果たすと、ほどなくして対立します。松方が財源を確保するため地租の増徴（増税）を唱えたことが原因です。大隈は増税に反対したうえで閣僚を辞任し、さらに進歩党と自由党が内閣不信任案を議会に提出しました。

まとまらない議会工作

松方がやむなく首相を辞任したのち、第三次伊藤内閣が成立しました。伊藤は議会における民権派の支持を得るため、板垣と大隈に入閣を打診します。この時

そのころ、世界では？

1898年、米西戦争が勃発

キューバをめぐって、アメリカとスペインが開戦します。戦いに勝利したアメリカは、フィリピンやグアムなどをスペインから獲得し、以後、東アジアへの進出を本格化させていくことになります。

期、板垣と大隈はいずれも政党の役職には就《つ》いていませんでしたが、依然としてそれぞれ自由党と進歩党の議員に強い影響力を有していました。もっとも、板垣と大隈が両人とも要職の内務大臣を希望したため話がまとまらず、入閣は実現しませんでした。結局、第三次伊藤内閣は藩閥《はんばつ》の有力者を中心に構成されます。

伊藤にとって当面の懸念は、満洲でのロシアの勢力拡大だったことから、外務大臣の西徳二《にしとくじ》

◉政党の変遷（1880～1898年）

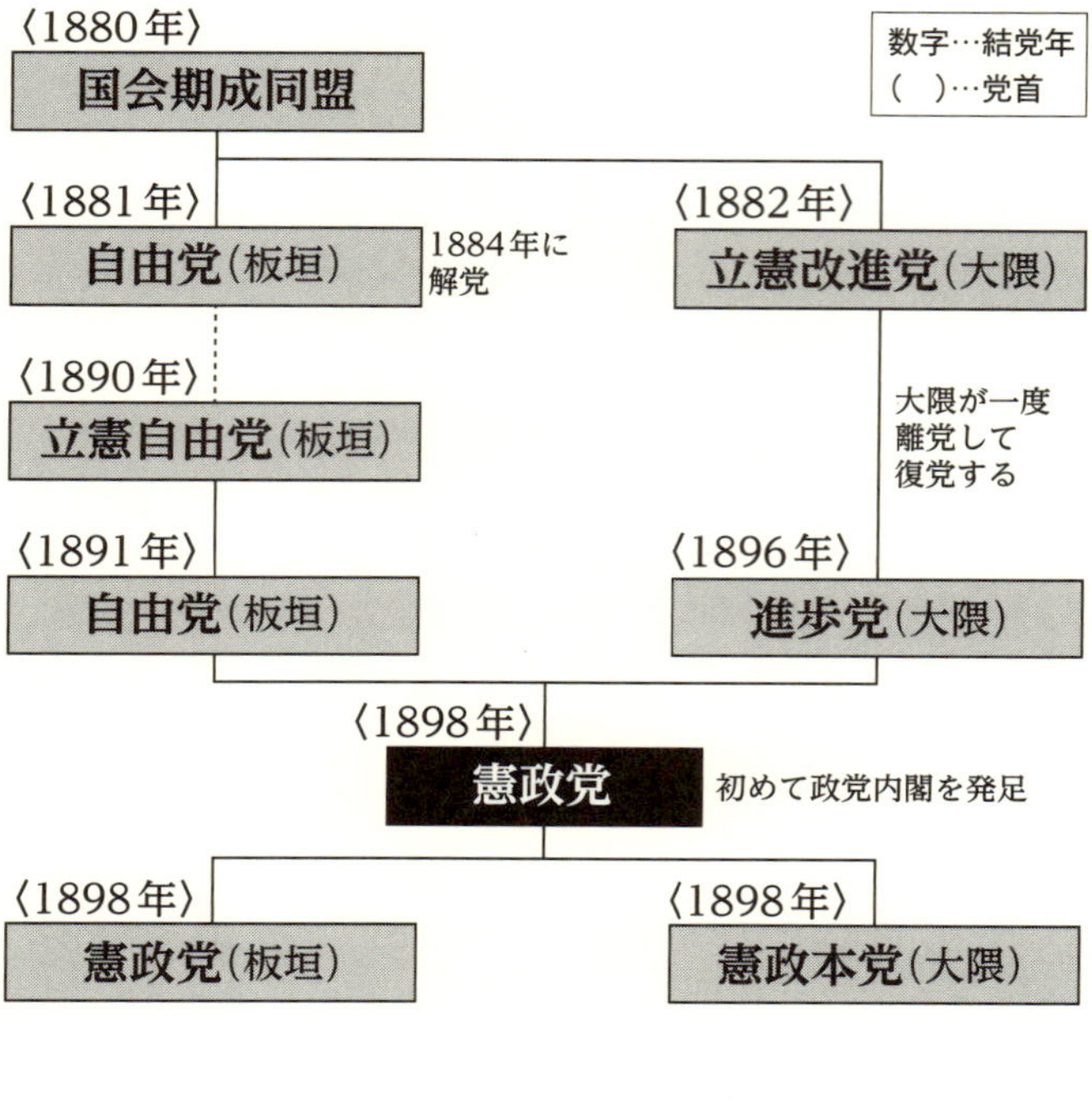

郎《ろう》が駐日ロシア公使のロマン・ローゼンと交渉して、「西・ローゼン協定」を結びます。日本は満洲でのロシアの活動を認める代わりに、日本の韓国での活動をロシアが認めるという内容です。内政では第二次松方内閣と同じく、伊藤も地租の増徴について議会で審議しますが、進歩党と自由党の反対を受けて否決されます。

伊藤は以前より、議会で多数派の政党が中心となって内閣をつくる政党内閣が定着するべきだと考えており、自身を党首とする新たな政党をつくって議会の主導権を握り、地租の増徴を実現しようとはかります。ところが、長州《ちょうしゅう》閥で伊藤と並ぶ有力者だった山縣有朋《やまがたありとも》が超然《ちょうぜん》主義の維持を主張し、政党の結成に強く反対しました。

政府内での対立が続くなか、進歩党と自由党は1898（明治31）年6月に合併して「憲政党」を結成し、衆議院の3分の2以上を占める一大勢力になります。そして、議会でも長州閥でも孤立《こりつ》した伊藤は政権運営に行きづまり、5カ月余りで首相を辞任しました。

伊藤の辞任後、長州閥と薩摩閥の有力者である元老から、後継に名乗り出る者はいませんでした。すると伊藤が明治天皇と元老らに、憲政党の実質的な指導者である大隈と板垣に内閣を任せてみてはと提案します。このときの伊藤の本心は明らかにされていません。ただ、政党内閣を認めない山縣らへの反発に加え、伊藤は将来的に自身が率いる政党による政権運営を構想していたため、憲政党に政党内閣の先例になってもらおうと考えたようです。また、憲政党に政権を任せても失敗に終わると予想し、大隈と板垣は政権運営の困難さを思い知るだろうと考えていたともいわれます。

伊藤の提案を聞いた明治天皇は、伊藤が組閣して大隈と板垣を閣僚として迎えるものと誤解したまま承認しますが、あとから伊藤が内閣に参加しないことを知っておどろきます。とはいえ、伊藤は大隈・板垣との交渉を進めており、すでに伊藤の方針は憲政党の関係者や官僚にも知られていました。今さら方針を変えることもできず、明治天皇は大隈と板垣に組閣を命じます。

短命に終わった初の政党内閣

伊藤の思惑《おもわく》どおりに事は運び、1898（明治31）年6月、日本初となる政党内閣が成立します。首相は大隈、内務大臣は板垣です。陸軍大臣は長州閥の桂太郎《かつらたろう》、海軍大臣は薩摩閥の西郷従道《さいごうつぐみち》でしたが、ほかの閣僚はすべて憲政党の議員であり、各省庁の次官や地方の知事も憲政党の関係者が任命されました。この政権は、大隈と板垣から一字ずつを取って「隈板《わいはん》内閣」と呼ばれます。これまで政府と敵対してきた民権派は快挙だと喜びました。

ところがほどなくして、憲政党の内部で閣僚の割りあてをめぐり、大隈ら旧進歩党系の議員と、板垣ら旧自由党系の議員の対立が浮上します。追い打ちをかけるように、同年8月には文部大臣だった尾崎行雄《おざきゆきお》（尾崎咢堂《がくどう》）の発言が議論を呼びます。尾崎が教育関係者の会合で「もし日本が共和政であったら、三井《みつい》や三菱《みつびし》のような企業家が大統領候補になってしまう」という趣旨《しゅし》の演説を行います。これは仮定の話で、財力のある企業家が政治を左右することを批判するものでした。けれども、かねてより自由民権運動に批判的だった『東京日日《にちにち》新聞』は、仮定の話でも天皇が統治する日本の政治体制を否定するのは不謹《ふきん》

慎《しん》だと報じます。

旧進歩党だった尾崎は、板垣ら旧自由党系の閣僚や議員から強く批判されました。尾崎が大臣を辞任すると、その後任をめぐって旧進歩党と旧自由党は対立し、憲政党が分裂する事態にまで発展します。こうして、隈板内閣は発足からわずか4カ月で崩壊しました。一時的に旧自由党系と旧進歩党系による2つの憲政党が並び立ちますが、ほどなくして大隈らの旧進歩党系は「憲政本党」と改名しました。

隈板内閣が総辞職したのち、元老たちの話し合いによって、再び山縣が首相に就任します。山縣は板垣、星亨ら「憲政党」（旧自由党系）との連携をはかりますが、閣僚ポストをめぐる協議がまとまらず、政党に所属しない藩閥《はんばつ》の有力者が大部分を占めました。ただし、板垣らは協議の過程で、軍備拡張のためとして地租の増徴に同意したことから、第二次松方内閣からの懸案だった増税が断行されます。

また山縣ら藩閥の有力者は、隈板内閣が憲政党の幹部を中央官庁や地方自治体の要職に任命したことに不満を抱き、官僚の選任について定めた文官任用令を改正し、高等文官試験（高文《こうぶん》）の合格者のみを幹部である勅任官《ちょくにんかん》に採用するよう定めました。

加速する産業発展

明治時代初期から進められていた日本の近代的な商工業の発展（殖産《しょくさん》興業）は、日清戦争に前後する時期から本格化します。

海外への輸出額の約4割を占める生糸《きいと》は、長野県をはじめ主に中部地方・関東地方で生産され、長らく江戸時代以来の手作業による座繰製糸《ざぐりせいし》が主流でした。しかし、しだいに蒸気機関などを用いた大規模工場による器械製糸が増加し、1894（明治27）年以降は、器械製糸による生産量のほうが多数になります。

明治時代中期には、大阪府を中心に紡績業《ぼうせきぎょう》が発達します。1882（明治15）年に実業家の渋沢栄一《しぶさわえいいち》らによって大阪紡績会社（現在の東洋紡）が設立され、さらに鐘淵《かねがぶち》紡績（のちのカネボウ）、日本毛織《にっぽんけおり》などの紡績会社が次々と設立されます。

静岡県出身の技術者である豊田佐吉《とよださきち》は、小規模な綿織物《めんおりもの》業者が使用していた木製の小型織機を改良して生産性を向上させ、1897（明治30）年に特許を取得します。この小型織機は日本各地に普及しました。豊田が設立した豊田自動織機《しょつき》製作所は、のちに自動車の国産化に着手し、現在のトヨタ自動車の母体になるのです。

日本の紡績会社は清やインドから綿花を大量に輸入し、国内の工場で綿織糸や綿製品へと加工し、神戸港と大阪港から輸出しました。工場からこれら輸出港までの主要な輸送手段として活用されたのが鉄道です。

1881（明治14）年には、日本初の私鉄会社である日本鉄道会社（のちに国有化）が設立され、明治20年代には現在のJR東北本線の大部分が開通します。日本鉄道会社は華族・士族の有力者から出資金を募り、出資額に応じた配当金を分配することによって、華族のなかでも明治維新後に安定した収入を失った元大名らの生活を支える役割も果たしました。日本鉄道会社に続いて、九州鉄道、山陽鉄道なども設立され、1901（明治34）年前後までに、日本列島の大部分で鉄道が開通します。

鉄道や蒸気機関の燃料となる石炭の生産量も拡大し、北海道の石狩《いしかり》炭田、茨城県と福島県にまたがる常磐《じようばん》炭田、福岡県の筑豊《ちくほう》炭田なども各地で開発されました。1880（明治13）年には88万2000トンだった総産出量は、1890（明治23）年には260万8000トン、さらに1900（明治33）年には648万9000トンになります。

ロシアに対する軍備拡張の必要から、造船や製鉄といった重工業の育成も進みます。三菱財閥が運営する長崎造船所（現在の三菱重工業長崎造船所）、海運業者の川《かわ》崎正蔵《さきしょうぞう》が官営の兵庫造船所を払い下げられた川崎造船所（現在の川崎重工業）などによって、国産の商船が大量に生産されるようになります。ただし、海軍の主要な軍艦は、この段階ではまだイギリスやフランスなど外国製でした。

１８９６（明治29）年には、日清戦争で清から得た賠償金を投入し、

福岡県で官営八幡製鐵所《やはたせいてつじょ》の建設が始まり、1901（明治34）年に操業を開始しました。

産業の発展とともに工業従事者は増加しますが、その待遇《たいぐう》は劣悪《れつあく》でした。現在の労働基準法では1日の労働時間は8時間、それ以上の場合は1時間以上の休憩《きゅうけい》をとるよう定められていますが、当時は1日12時間以上の長時間労働の工場も多かったうえ、不十分な安全対策により労働災害が多発しました。こうした状況のなか、1897（明治30）年に日本で最初の労働運動の団体である職工義友会が設立され、労働者の団結と待遇改善を要求し、やがて、労働組合運動は各地に広がります。第二次山縣内閣は拡大する労働運動を、政府や企業家と敵対するものと位置づけて強く警戒し、1900（明治33）年に治安警察法を制定して、労働運動をはじめとする社会運動や集会、結社の活動を制限しました。

西洋に対抗する文化を

19世紀を通じて西洋諸国では、キリスト教と西洋文明こそが世界で最もすぐれているという価値観が支配的でした。これに対し、日清戦争に前後する時期の日本では、西洋文明を吸収したうえで、西洋中心の価値観に対抗するナショナリズム（国粋主義）が高まっていきます。

東京帝国大学教授を務めた哲学者の井上哲次郎《いのうえてつじろう》、文学者の高山樗牛《たかやまちょぎゅう》らは、日本文化の擁護《ようご》を主張する「日本主義」を唱えました。日本主義は、ジャーナリストの三宅雪嶺《みやけせつれい》が創刊した雑誌『日本人』や、実業家の大橋佐平《おおはしさへい》が１８９５（明治28）年1月に創刊した雑誌『太陽』などを通じて国民に広がります。これらの媒体は、政府の欧化政策や三国干渉のような西洋諸国に屈従する外交政策を強く批判し、国政にも影響を与えます。

地理学者の志賀重昂《しがしげたか》も日本主義の論客の１人で、国内外のさまざまな自然環境を調査して『日本風景論』を著《あらわ》し、富士山をはじめとする日本の風景の美しさをたたえました。明治20～30年代には、鉄道や蒸気船による交通網の発展にともない、有名な寺社への参詣《さんけい》や温泉地での保養、登山、海水浴といった観光旅行がブームとなります。志賀の『日本風景論』は、これを後押しする役割も果たしました。

文学や美術の分野でも、西洋文化をとり入れつつ、日本古来の表現を革新する動きが広がります。歌人・俳人の正岡子規《まさおかしき》は雑誌『ホトトギス』を刊行し、古代の『万葉集』

の和歌をたたえつつ、簡潔に自然を表現する「写生文」による短歌・俳句を広めました。子規は政治や軍事への関心も高く、日清戦争の末期には従軍記者に志願しています。ただし、戦地に到着した直後に終戦を迎えました。

美術史家の岡倉天心《おかくらてんしん》は、日本の伝統的な絵画や彫刻を高く評価したアメリカの哲学者アーネスト・フランシスコ・フェノロサと深く親交しました。明治時代中期には伝統的な日本画家は活躍の舞台が減りつつありましたが、岡倉は日本美術院を設立して日本画家の横山大観《よこやまたいかん》、下村観山《しもむらかんざん》、菱田春草《ひしだしゅんそう》らとともに、近代的な美術として日本画の振興をはかります。さらに『東洋の理想』『日本の目覚め』『茶の本』などの著作を英語で刊行し、西洋諸国に対して東洋の美意識や日本文化の特質を紹介しました。

19世紀後半のヨーロッパの美術界では、フランスで活躍していた画家のフィンセント・ファン・ゴッホ、クロード・モネらによって、幕末以降に海外に持ち出された浮世絵の色彩や筆致に影響を受けた、ジャポニスムと呼ばれる日本画の要素をとり入れた画風が流行していました。この動きも、岡倉やフェノロサによる日本美術の再興を後押しすることになります。

日本の伝統的な美術のなかでも、彫刻は仏像を中心に発展してきましたが、明治維新後の廃仏毀釈《はいぶつきしゃく》（53ページ参照）によって一時的に衰退しますが、仏師《ぶっし》の高村光雲《たかむらこううん》が独自の手法で仏教美術を再興します。高村は、西洋美術の技術をとり入れた写実的な彫刻を数多く手がけたほか、岡倉天心が校長を務めた東京美術学校（現在の東京藝術《げいじゅつ》大学の前身の1つ）の彫刻科の教授も務めました。高村の作品としては、シカゴ万国博覧会に出展された『老猿《ろうえん》』、上野公園の西郷隆盛像などが知られています。

日本の伝統的な美術が復興する一方、工部大学校（現在の東京大学工学部の前身の1つ）出身の浅井忠《あさいちゅう》、小山正太郎《こやましょうたろう》らの洋画家は、明治美術会を結成して西洋画の普及をはかりました。明治美術会出身でフランスへの留学経験を持つ黒田清輝《くろだせいき》は、西洋絵画の技法や構図、色づかいなどをとり入れつつ、『湖畔《こはん》』『舞妓《まいこ》』ほか、日本の風景や和装の人物を描いた作品を多く残し、日本人に親しみやすい形で、西洋画を普及させせました。

ちょっとひと息

変化して定着した日本の行事

旧暦から新暦でお盆の時期が多様化

今日の日本の年間行事や習慣には、明治時代に定着したものが少なくありません。たとえば、新年に年賀状を送ることは江戸時代以前から一部の人々の間で行われていましたが、1871（明治4）年に近代的な郵便制度が成立してから全国的に広まりました。初詣《はつもうで》も江戸時代までは一般的な習慣ではなく、1872（明治5）年に東海道線が開通して以降、鉄道会社が旅行客を獲得しようと、年末に各地の有名な神社への参詣《さんけい》を呼びかける宣伝を行い、しだいに全国に普及したのです。

お盆に先祖の霊《れい》を供養《くよう》するのも古くからの習慣ですが、江戸時代には、お盆は7月15日ごろとされていました。明治時代の新暦の導入以来、東京などの一部の都市部では新暦の7月15日にお盆の行事（新盆《しんぼん》）を行うようになりますが、全国の多くの地域では旧暦の7月15日近く、つまり8月中旬にお盆の行事を行っています（旧盆《きゅうぼん》）。

明治時代の祝祭日

	明治時代（1879年以降）	現代
1月	元始祭《げんし》	※廃止
	新年宴会《えんかい》	※廃止
	孝明《こうめい》天皇例祭	※廃止
2月	紀元節《きげんせつ》	建国記念日
3月	春季皇霊祭	春分の日
4月	神武天皇祭	※廃止
9月	秋季皇霊祭	秋分の日
10月	神嘗《かんなめ》祭	※廃止
11月	天長節《てんちょうせつ》	文化の日
	新嘗《にいなめ》祭	勤労感謝の日

名称や役割を変えて現代で祝日となっているものも。

皇室の宮中行事も明治維新後に変化し、江戸時代まで行われていた5月5日の端午《たんご》の節句、7月7日の七夕《たなばた》の節句など五節句を祝う儀式は廃止され、天皇家の祖先を敬う意識の高まりから、新たに神武《じんむ》天皇祭、春季皇霊祭、秋季皇霊祭などがとり入れられます。

また、日曜日から土曜日までの7日間からなる1週間と、日曜日を休日とすることも、やはり西洋からとり入れた制度で、1876（明治9）年以降、官庁や学校で採用されます。もっとも、農民の多くは曜日に関係なく働いていました。

明治時代の偉人④

海外でも人気を博したスター女優

川上貞奴

Kawakami Sadayakko

1871(明治4)～
1946(昭和21)年

日本に近代的な演劇を確立

本名を小山貞《こやまさだ》といい、東京の日本橋（現在の東京都中央区）に生まれ、７歳から舞台に立つなどして身を立てます。舞踊《ぶよう》などの芸事《げいごと》にすぐれ、伊藤博文、西園寺公望などの政治家もなじみの客でした。

自由民権運動の活動家で俳優・演出家の川上音二郎《かわかみおとじろう》（155 ページ参照）と結婚したのを機に舞台女優になり、夫婦でアメリカやヨーロッパ各国を巡業《じゅんぎょう》しました。1900 年にフランスのパリで開かれた万国博覧会（パリ万博）で公演した際には、画家のピカソ、彫刻家のロダン、音楽家ドビュッシーらも絶賛し、大好評を博します。

帰国後は、帝国女優養成所を開設して後進を育成し、さらに川上児童楽劇団を結成して児童劇の普及にも努めました。1911（明治 44）年に音二郎が死去したのち、結婚前から交友のあった実業家の福沢桃介《ふくざわももすけ》（福沢諭吉の娘婿《むすめむこ》）と事実婚の関係になります。

第五章

大国との同盟と開戦

派兵が深めたイギリスとの関係

日清戦争の直前に結ばれた日英通商航海条約は、1899(明治32)年7月に発効しました。これにより治外法権は完全に廃止されましたが、関税自主権は一定の税率の枠内に限定され、その解消が政府の次の大きな目標となります。

日本が西洋諸国と対等の立場に近づくなか、清では各地の租借地《そしゃくち》でわが物顔でふるまう西洋諸国の企業や軍隊への反発が高まり、宗教結社である義和団《ぎわだん》による暴動が広がります。義和団は山東省《さんとう》を中心に勢力を拡大し、扶清滅洋《ふしんめつよう》(清の擁護《ようご》と外国勢力の排除)というスローガンを掲《かか》げ、キリスト教と西洋文化を敵視し、教会や鉄道、電信線など西洋人のつくった施設を破壊しました。

西太后《せいたいこう》をはじめとする清政府の保守派(守旧派)は、当初こそ義和団を弾圧していましたが、多数の民衆が義和団を支持すると一転して活動を容認し、対立関係にあった李《り》鴻章《こうしょう》をはじめとする改革派(洋務派)の打倒に利用しようと画策します。

1900(明治33)年6月に、北京《ペキン》で各国の公使館がある一帯を義和団が包囲すると、清はこれに同調して西洋諸国に宣戦布告し、義和団とともに清軍が攻撃を開始します。イギリス、アメリカ、フランス、ロシアなど7カ国は義和団と清軍から租借地の自国民を守るために軍を派遣し、日本もその一員に加わりました。連合軍は義和団と清軍を次々と撃破して、8月には北京を含む華北の主要地域を制圧します。この一連の戦乱は華北で盛んだったことから北清《ほくしん》事変、あるいは義和団事件と呼ばれます。

首謀者《しゅぼうしゃ》である西太后は北京を脱出していたため、代わって李鴻章が和平交渉に臨み、1901（明治34）年9月、連合軍に参加した各国と北京議定書（辛丑《しんちゅう》和約）を結びました。清は、総額約4億5000万両の賠償金《ばいしょうきん》を支払う（うち日本の取り分は約8%）とともに、各国が公使館の周辺地域を守備する軍隊を駐留《ちゅうりゅう》させる権利を認めました。こうして、日本も北京に駐留部隊を置くようになります。

第二次山縣《やまがた》内閣はこの北清事変で、約2万2000人もの兵を清に派遣しました。その数は連合軍の約3分の2におよびます。じつは、これはイギリスの要請を受けたものでした。同時期、イギリスは南アフリカで起こっていたボーア戦争（ブール戦争）に大量の兵力を投入しており、北清事変には十分に対応できなかったのです。イギリスからの要請が届くと、陸軍大臣だった桂太郎《かつらたろう》は国際社会において日本の発言力を高める機会であると主張し、派兵が閣議決定されました。

実際に、北清事変での日本軍の働きは各国から高く評価され、とくにイギリスの日本に対する好感度は上がりました。アジアにおけるロシアの勢力拡大を警戒するイギリスは北清事変を機に日本との関係を強化し、のちに日本と同盟を結ぶことになります。

政界の世代交代

北清事変が起こっていたころ、日本国内では薩摩《さつま》閥《ばつ》の有力者で首相、枢密院《すうみついん》議長を務めた黒田清隆《くろだきよたか》が急死しました。以降も薩摩閥は長州《ちょうしゅう》閥とともに軍では大きな影響力を持ちますが、政治に大きく関わることは減っていきます。

このころ政界では、超然《ちょうぜん》主義にもとづく内閣（超然内閣）を維持しようとする山縣有朋《やまがたありとも》に対し、伊藤博文《いとうひろぶみ》はみずから政府と協調する政党を組織して、議会で多数派の政党が政治を主導する政党政治の定着をはかっていました。西園寺公望《さいおんじきんもち》も伊藤に同調します。西園寺は山縣より11歳下で、公家として生まれ、青年期にフランスに留学してから民権派とも深く親交していました。文部大臣を務めたときには障害者教育にも積極的に取り組むなど、歴代の元老のなかでも先進的な思想の持ち主でした。

伊藤と西園寺は、憲政党の有力者だった星亨《ほしとおる》や元外務次官の原敬《はらたかし》らと交渉し、新党の結成を打診します。憲政党の前身である自由党は、帝国議会の開設から数年は政府と敵対していましたが、日清戦争を機に国民の愛国心が高まるなかで、政府の対外政策や軍備増強を支持するようになったことは前章で述べたとおりです。加えて、このころには党の支持層は民衆ばかりでなく、産業の発展にともない富裕な企業家も増え、財力のある人々の立場を反映した保守的な政党になっていました。そこで、憲政党に伊藤を支持する官僚、憲政本党の一部の議員が合流する形で、1900（明治33）年9月に「立憲政友会」（政友会）が結成され、伊藤がその総裁（党首）に就任します。

政府と政党が対立する状態が議会では長く続いていたため、明治天皇は政党によい印象を持っておらず、伊藤による新党の結成に難色を示しました。それでも、政友会が議会の大多数を占めていたことは無視できず、山縣は政友会との対決を避けて首相を辞任し、明治天皇は山縣の進言にもとづき、伊藤に組閣を命じました。

こうして1900（明治33）年10月に、第四次伊藤内閣が発足します。司法大臣の金子《かねこ》堅太郎《けんたろう》（第一次伊藤内閣では首相秘書官）、逓信《ていしん》大臣の星など、外務大臣、海軍大臣、陸軍大臣以外の閣僚は政友会に属し、伊藤が望んでいた政党内閣が実現しました。もっとも、政友会はさまざまな政治家や官僚の寄り合い所帯だったことから内輪もめが絶えず、星が汚《お》職《しょく》事件に関係していたことから辞任するというトラブルも発生します。結局、予算案をめぐる閣内の不一致から翌年6月に伊藤は辞任しました。

元老の間では井上馨《いのうえかおる》が次の首相に推され、井上は藩閥《はんばつ》の有力者と政友会の幹部らを入閣させ、超然内閣と政党内閣の中間的な政権をつくろうとします。けれども、山縣と伊藤の対立に巻き込まれるのを嫌い、入閣を断る者が続出したため、井上は組閣を断念しました。そこで、これを機に政府の世代交代がはかられ、井上の推挙で陸軍大臣だった桂が首相に就任します。桂は井上より12歳下で、長州閥のなかでは山縣の忠実な部下でした。この第一次桂内閣は、政党に属さない貴族院議員が多数を占めたものの、外務大

臣の小村寿太郎《こむらじゅたろう》や内務大臣の清浦奎吾《きようらけいご》ら、伊藤や山縣より若い世代も多く入閣しました。

伊藤は1903(明治36)年に枢密院の議長に就任したのを機に、政友会の総裁は西園寺が引き継ぎました。以降の国政は、大正時代のはじめまで、桂を中心とした陸海軍・藩閥の有力者と、西園寺を中心とした政友会の両者を軸に動いていきます。

イギリスとの同盟の効果

北京議定書が結ばれると、各国は清に駐留する軍を縮小させていきました。ところが、極東での勢力拡大をはかるロシアは、満洲一帯の租借地に大規模な部隊を駐留させ続けます。日本にとっては、いわば喉元《のどもと》に刀を突きつけられた状態でした。

とはいえ、当時の日本の常備兵力が約20万だったのに対してロシアは約300万、日本の歳入が約2億5000万円なのに対してロシアは約20億円と国力に開きがあり、ロシアとの戦争は容易ではありません。このため政府は慎重《しんちょう》な姿勢をとり、日本はロシアの満洲での活動に口を挟《はさ》まない代わりに、韓国(朝鮮)を勢力圏とすることをロシアが承認する満韓交換論が検討されます。もっとも、韓国の皇帝である高宗と政府は、乙未《いつび》事変より日本への反発を強めており、親ロシアに傾いていました。

日本の政策を左右する元老の間で、ロシアに対する意見は2つに割れます。伊藤と井上はロシアと正面からの対立を避け、満韓交換論にもとづいてロシアとの協調をはかる日露協商論を主張します。対して、陸軍に強い影響力を持つ山縣は、首相の桂や、外務大臣で元ロシア公使の小村の意見を容《い》れて、ロシアとの軍事衝突も考えに入れ、イギリスとの連携を主張しました。この2つの方針が並行して模索されます。

桂はイギリスの事情を考慮《こうりょ》し、駐英公使の林董《はやしただす》にイギリスと同盟の交渉を進めさせます。イギリスは19世紀末まで西洋諸国のなかで経済力・軍事力で優位に立っており、他国と同盟を結ぶ必要がありませんでした。ところが、先述のボーア戦争（ブール戦争）でイギリスは軍事力を大幅にすり減らすなか、清およびイランでの権益をめぐってロシアとの関係が悪化します。ロシアと戦う余力がなかったイギリスにとって、ロシアと対立する日本と手を組むことは渡りに船だったわけです。朝鮮半島をめぐる問題でも、イギリス政府は韓国がロシアの支配下になることを避けたいと考えていました。

両国の思惑《おもわく》は一致し、1902（明治35）年1月にイギリスの首都ロンドンにおいて同盟（第一次日英同盟）が結ばれました。日英同盟はこのあと二度の改定を経て、20年続きます。交渉の段階では、ドイツも含めた3カ国での同盟も検討されましたが、イギリスとドイツの間にも対立があり、ドイツの参加は見送られました。

日英同盟の中身で重要な点は、日本またはイギリスが2カ国以上の敵国と戦争をする場合、同盟国が参戦すると定めたことです。仮に、日本とロシアの1対1の戦争であればイギリスは参戦しませんが、ロシアの同盟国が参戦すればイギリスも参戦することになります。つまり、他国の参戦を牽制《けんせい》する効果がありました。当時のロシアはフランスと同盟関係にあり、清とも密約（露清密約）を結んでいましたが、のちに日露戦争が起こっても日英同盟を警戒して、フランス・清は参戦を控《ひか》えています。このほか、日本とイギリスの双方が、清から得た租借地などの既得権益《きとくけんえき》をたがいに認めて侵害しないことも定めています。

国民の間で高まる反露感情

日英同盟の成立後、ロシアは日英同盟に対抗するように、フランスとの同盟関係は東アジア地域でも適用されると発表しました。それでも、日本やイギリスとの直接の衝突を避け、日本からの強い要請に応じ、清との間で段階的に満洲から撤兵する条約（満洲還付条約）を結びます。しかし、ロシアは満洲還付条約を履行《りこう》せず、むしろ鴨緑江《おうりょくこう》（清と韓国の国境を流れる河）周辺の軍備を増強します。日本の陸軍内では、参謀《さんぼう》総長の大山巌《おおやまいわお》を中心に、ロシアに対して開戦を唱《とな》える声が高まり、本格的に戦争の準備が進められます。

その一方で政府は交渉による平和的な解決を模索し、1903（明治36）年8月から翌年1月まで、外務大臣の小村はロシアの駐日公使ローゼンと交渉し、双方の満洲周辺での勢力範囲と中立地域を定めようとしました。ただ、双方の軍の駐留や経済活動をどこまで認めるか、中立地帯の範囲をどのように定めるかなど条件が折り合わず、一向に合意が成立しない状態が続きます。

ロシア側にも、政府内で大きな影響力を持つ財務大臣のウィッテをはじめ、日本との戦争を回避したい慎重派の政治家や軍人は少なくありませんでしたが、皇帝ニコライ2世は満洲に軍の駐留を続けさせ、ウィッテを解任します。

日本国民の間では、日清戦争に勝利したことによる自信と、三国干渉への報復感情もあり、対ロシアの強《きょう》硬論《こうろん》が急速に広がりました。開戦を避けようとする伊藤は、ロシアを過度におそれているとして国民から非難されました。東京帝国大学教授ら7人が、ロシアとの即時開戦を主張する意見書を政府に提出したことから、ますます開戦を支持する世論が高まります（七博《しちはか》士《せ》事件）。

貴族院議員の近衛《このえ》篤麿《あつまろ》らは、ロシアに対して強硬《きょうこう》な政策を主張する団体として対露同志会を結成し、多くの会員を集めます。新聞の『萬朝報《よろずちょうほう》』はロシアに対する慎重路線を主張していましたが、１９０３（明治36）年10月には、対ロシア強硬路線に主張を変更します。開戦を支持する読者の声に押されてのことでした。

そのころ、世界では？

1903年、ライト兄弟が飛行機で初飛行

アメリカで自転車の製造と販売を行っていたウィルバー・ライトとオーヴィル・ライトの兄弟は、ガソリンエンジンを備えた飛行機での飛行に成功します。初飛行は12秒間、約120フィート（36m）でした。

合法な先制攻撃で開戦

国民の間でもロシアとの開戦を要望する声が高まるなか、ロシアが進めていたシベリア鉄道の全線開通が迫りつつありました。開通すれば、ロシアはますます満洲へ大量の兵員と物資を素早く輸送できるようになり、日本にとって大きな脅威《きょうい》となります。

なおも小村とローゼンの交渉は続けられましたが、ロシア側は「日本は韓国内に軍を駐留させない」「韓国の北緯39度より北（平壌《ピョンヤン》のある位置）を中立地帯とする」という日本側にとってかなり不利な条件を強く主張します。しかもロシアは、満洲に駐留する部隊を増強する動きを見せたため、閣僚と元老らは開戦もやむをえないと判断します。

そして１９０４（明治37）年２月４日、明治天皇が臨席する御前会議が開かれ、元老の山縣と伊藤、首相の桂太郎、陸軍参謀総長の大山巖、陸軍大臣の児玉源太郎《こだまげんたろう》、海軍大臣の山本権兵衛《やまもとごんべえ》らの協議により、ついにロシアとの開戦を決定しました。同月６日には国交の断絶をロシア側に通告します。

日本海軍の連合艦隊は２月８日、ロシアの租借地である旅順《りょじゅん》港に停泊するロシアの第1太平洋艦隊に奇襲攻撃を行います。陸軍の部隊が満洲と朝鮮半島に上陸するのを妨害《ぼうがい》されないように、まず敵艦隊の動きを封じる必要があったからです。ロシア政府への宣戦布告は2日後の2月10日に行われ、日露戦争が始まります。なお、当時の国際法においては、宣戦布告が交戦よりあとになっても違法ではありませんでした。

◉日露戦争（1905年）

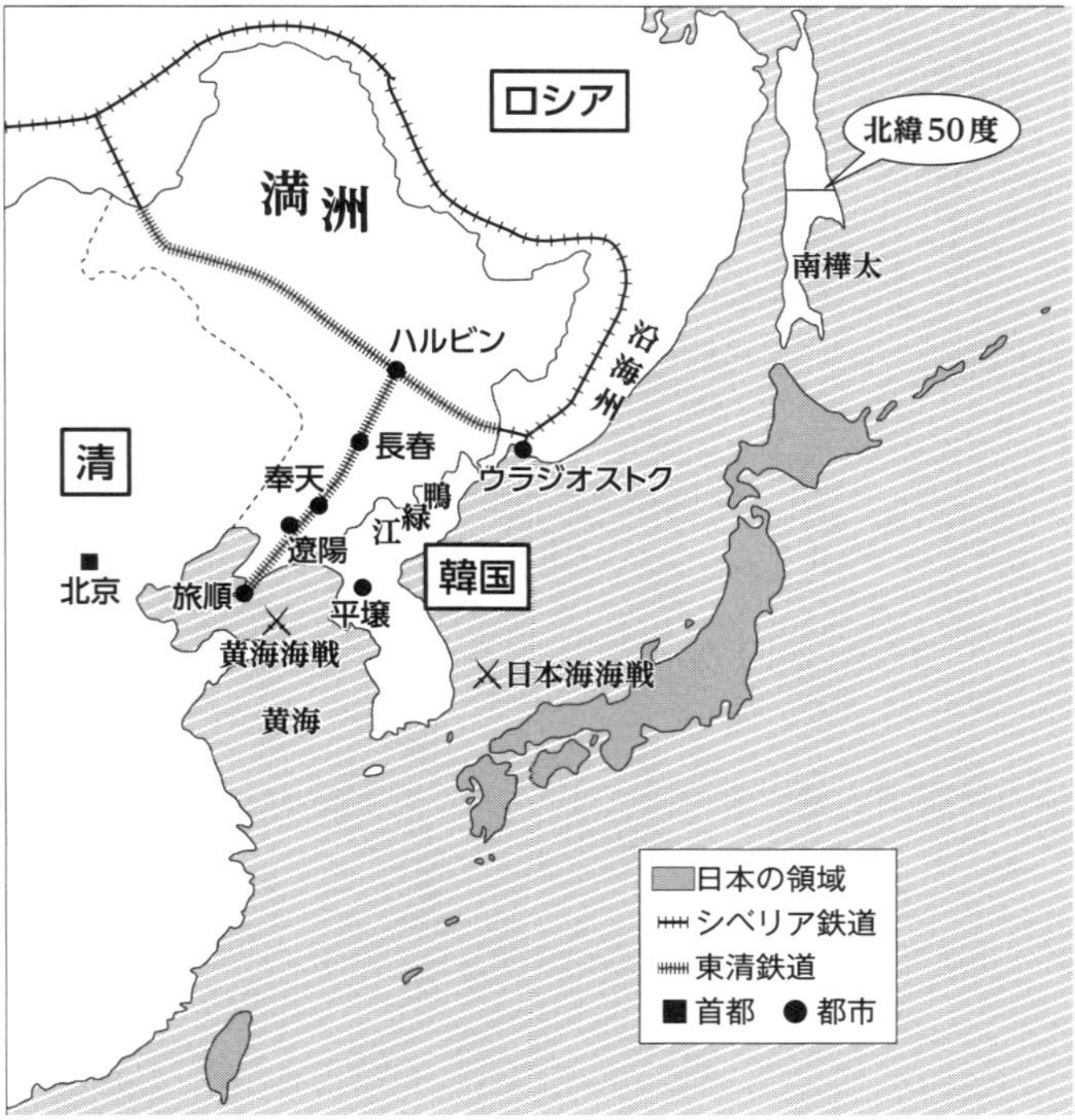

日本側は、ロシアがいずれヨーロッパに配備しているバルチック艦隊（バルト海艦隊）を派遣してくると想定していました。バルチック艦隊が旅順の第1太平洋艦隊と合流すれば敵の海軍力は倍増するため、その前にまず旅順港の封鎖《ふうさ》をはかりますが、大きな戦果は得られませんでした。そこで、内陸からも旅順のロシア軍基地（軍港と要塞《ようさい》）を攻撃する方針がとられます。日本陸軍はまず、朝鮮半島に上陸したのち満洲に向けて北上します。5月には遼東《りょうとう》半島に到達し、ロシア軍の本拠地があった遼陽《りょうよう》（現在の遼《りょう》寧《ねい》省遼陽市）へと進軍しました。

ちなみに、韓国は日本とロシアの争いに巻き込まれないよう日露戦争が始まる前に中立を宣言し、ロシアはこれを認めました。ところが、日本は中立の宣言を無視したうえ、〝韓国の保護〟を大義に掲げ、ロシアに宣戦布告します。さらに、韓国と協定（日韓議定書）を結び、表向きは韓国を保護することが明文化されましたが、韓国が戦争中は日本の軍事行動に協力することが盛り込まれていました。

旅順港の第1太平洋艦隊は、日本軍による内陸と海上からの挟み撃ちを避けるべくウラジオストクへの移動をはかりますが、その道中の黄海《こうかい》で日本の連合艦隊と衝突します

（黄海海戦）。第1太平洋艦隊は大打撃を受け、残った艦艇《かんてい》は旅順港に引き返しました。

戦時中に軍資金集め

戦闘と並行して、国外では戦費の調達と、日本に肯定的《こうてい》な国際世論づくりの工作が進められます。外務大臣の小村は、日本銀行の副総裁だった高橋是清《たかはしこれきよ》（大正時代初期に大蔵大臣・首相就任）をイギリスに派遣し、外債《がいさい》（政府が外国に借金する場合に発行する証券）の引き受け手を募集します。開戦直後、諸外国のほとんどは日本が勝利するとは思っていませんでした。ただ、日本軍が遼東半島への侵攻に成功して以降、日本が優勢と判断され、終戦までに約7億円を確保します。これは当時の日本の国家予算の約3倍、日露戦争の戦費総額（19億9000万円）の約3分の1におよび、戦争の継続に大きな役割を果たします。

それだけでなく、伊藤博文は元司法大臣の金子堅太郎をアメリカに派遣します。時のアメリカ大統領セオドア・ローズヴェルトは、かつて金子がハーバード大学に留学したときの学友でした。ローズヴェルトは、教育者の新渡戸稲造《にとべいなぞう》が日本人の道徳観について論じた『武士道』を読んで日本に好意的な印象を抱いていました。金子はアメリカ各地で講演し、ロシアはいまだ憲法も議会もない専制国家であるのに対し、日本はすでに憲法と議会政治が定着した民主国家であるとアピールします。

このころのアメリカは中国市場への進出をはかっており、東アジアで勢力の拡大を目論むロシアへの警戒感から、しだいに日本を支持する世論が形成され、金子の働きもあってアメリカの財界から多額の外債を確保しました。当時のロシアではユダヤ人が迫害されていたため、アメリカのユダヤ系銀行家のジェイコブ・シフは日本に2億ドルもの資金を提供しています。またヨーロッパでは、陸軍大佐の明石《あかし》元二郎《もとじろう》がロシアの支配を受けるポーランドやフィンランド、ロシア内の少数民族を支援して、ロシア政府を背後からゆるがす工作を展開しました。

多数の身命を賭した戦い

黄海海戦のあと、ロシアの第1太平洋艦隊の残存する艦艇は旅順要塞に守られた旅順港にこもって防備を固めると、日本海軍は攻めあぐねます。この状況のまま、ヨーロッパからバルチック艦隊が到着すれば形勢が不利になるため、日本海軍は焦《あせ》ります。停滞する状況を打破しようと、陸軍大将の乃木希典《のぎまれすけ》が率いる第三軍が、陸から旅順要塞の攻略を進めます。乃木は長州閥に属し、青年期には西南戦争に参戦しました。日清戦争にも参戦しており、このとき乃木の率いた部隊が1日で旅順を攻略したことから、今回、旅順要塞の攻略の責任者に任命されたのです。とはいえ、乃木が攻略した当時とは異なり、ロシア軍は旅順の各所にコンクリートで固めた大量の砲台と機関銃座《きかんじゅうざ》による強固な防御体制を築いていました。日本側はその情報を十分に入手していませんでした。

機関銃座からの射撃の前に、日本兵はほとんど前進できず、乃木は軍上層部に大砲の追加配備を求めます。しかし、旅順の手前の南山《なんざん》や、同時期に進行していた沙河《しゃか》の戦闘でも陸軍は兵力を失っており、第三軍に十分な補給ができません。

旅順における戦闘での日本側の戦死者は約1万5000人、負傷者は約4万4000人にのぼります。医薬品や食料も不足し、傷ついた兵が密集する不衛生な環境だったため、戦病者は3万人にもおよびます。犠牲者の多さから乃木は国民の非難を浴びます。

苦戦を強《し》いられた第三軍でしたが、12月5月に旅順要塞を見下ろせる203高地を占領したのち、大規模な砲撃をくり返し、ようやく戦況は好転します。第1太平洋艦隊は軍港に停泊したまま日本陸軍の砲撃でほぼ壊滅《かいめつ》します。1905（明治38）年1月1日、旅順要塞の司令官は降伏を受け入れ、旅順は陥落しました。この戦果によって国民は一転して乃木をたたえました。これには乃木の2人の子息が、南山の戦闘と203高地の戦闘でそれぞれ戦死したことへの同情もありました。

ヨーロッパからの艦隊を撃破

旅順以外の戦闘では、ロシア陸軍は、少しずつ満洲の内陸に退却して日本陸軍の兵力や物資を消耗《しょうもう》させる戦法をとります。日本側はロシア軍が集結した奉天《ほうてん》（現在の遼寧省瀋陽市《しんよう》）に大攻勢をかけ、3月1日、日本陸軍約25万人、ロシア陸軍約32万人が衝突しました（奉天会戦）。戦いは日本陸軍の勝利に終わりますが、約7万5000人もの死傷者を出したうえ、軍需物資も底をつき、これ以上戦争を続けるのは困難でした。

ただ、苦しい状況にあったのはロシアも同じでした。ロシア国内では物資不足から国民の不満が高まり、旅順要塞の陥落後、首都のサンクトペテルブルクでは戦争の停止、貧民の救済、議会の開設を求める大規模な反政府デモが起こります。政府はこのデモ隊を弾圧したことで、多数の死者が発生しました（血の日曜日事件）。これをきっかけにロシア第一革命と呼ばれる大規模な反政府運動が広がります。

日本とロシアの双方ともに戦争の継続が困難になるなかで望みをかけたのが、連合艦隊とバルチック艦隊の決戦でした。バルチック艦隊は旅順に向かう途中で、旅順が陥落したことを知ります。そのため、増援の艦隊との合流を待ち、出港から8カ月が経ってようやく日本の近海に現れます。この間、日本と同盟関係にあったイギリスが、アジアをはじめとする自国の植民地にバルチック艦隊が寄港することを許可しなかったことから、バルチック艦隊は補給に手間取り、しかも長期の航海のため乗員の多くが疲労《ひろう》していたうえ、艦船の整備もできませんでした。

5月27日、対馬《つしま》海峡を望む韓国の鎮海《ちんかい》湾で、連合艦隊とバルチック艦隊はついに衝突します（日本海海戦）。連合艦隊を率いた海軍大将の東郷平八郎《とうごうへいはちろう》は薩摩閥に属し、イギリスへの留学経験を通じて軍事のみならず国際法の知識も深く、参謀の秋山真之《あきやまさねゆき》をはじめ優秀な人材を抜擢《ばってき》していました。バルチック艦隊は乗員の疲労に加えて、増援の艦隊が旧型で速力が遅く足並みがそろいませんでした。対する連合艦隊は決戦に向けて入念に訓練を重ねており、正確な砲撃によってバルチック艦隊を破り、大勝利します。

主要な2つの艦隊が壊滅したロシアに追い討ちをかけるように、日本海海戦後に黒海艦隊の水兵による大規模な反乱が起こり、依然《いぜん》として反政府運動が展開されるなか、ロシアはもはや、日本と戦争をしている場合ではなくなりました。

日本とロシアの双方が戦闘の継続が困難となるなか、日本政府はアメリカ大統領ローズヴェルトに講和の斡旋《あっせん》を打診しました。これに応えて、ローズヴェルトは日本とロシアに講和するよう勧告し、双方はこれを受け入れます。8月、アメリカの東海岸に位置するニューハンプシャー州の港町ポーツマスで講和会議が行われることになりました。

なお、ローズヴェルトは訪米中の金子堅太郎に、ロシアとの交渉を有利にするため樺太《からふと》(サハリン)を占領するよう進言し、日本軍は7月の間に樺太全土を占領しています。

戦時下で編入された竹島

ロシア軍との戦闘と直接関係ありませんが、1905(明治38)年1月28日、日本政府は日本海の隠岐《おき》諸島の沖合にあった無人島を、竹島（韓国名では独島《ドクト》）と呼ぶことと、島根県へ編入して日本が領有することを閣議決定しています。

そもそも江戸時代は、現在の韓国領である鬱陵島《ウルルンド》が竹島と呼ばれ、竹島は松島と呼ばれており、幕府はいずれの島も日本の特定の藩の統治下にはないという認識でした。

明治時代になっても、竹島は近代的な国際法に沿った領有に関する手続きが取られていないため、日本政府は、どこの国にも属さない島と認識していました。1876（明治9）年に、島根県が内務省に竹島の地籍《ちせき》（土地の帰属）について問い合わせたところ、竹島およびほかの一島（鬱陵島を指すかは諸説あり不明）は「本邦関係無《ほんぽうかんけいなし》」（日本は無関係）と回答しています。

しかし、近隣の隠岐諸島の漁民が竹島に上陸して漁業を行うようになると、政府で竹島を領有することが検討されました。そして、日露戦争の最中に領有が宣言されたのです。この時点では諸外国からの抗議はありませんでした。

これ以降、日本は現在まで一度も竹島の領有の放棄を宣言していません。ところが、第二次世界大戦後に成立した大韓民国（韓国）は、独島（韓国での竹島の呼称）は自国の領土であったと主張して、日本側の了承を得ないまま、1952（昭和27）年に自国の領海範囲に組み入れ、日本政府と見解が分かれています。

反戦論も許容した理由

日露戦争の特筆すべき点として、政府が国民と軍人に対し、敵であるロシア人にも敬意をはらうことを説いたことがあげられます。明治天皇は開戦の詔勅《しょうちょく》で国際条規（戦時国際法）を遵守《じゅんしゅ》するよううったえました。西洋の大国であるロシアとの戦争は、世界各国が注目しており、いまだ不平等条約の改正交渉が続いているなか、日本が良識ある文明国であることを示す必要があったからです。

日本国内に移送されたロシア軍の捕虜《ほりょ》は、日本各地に築かれた捕虜収容所に入れられますが、十分な食事や戦傷の治療をほどこすなど人道的な待遇が徹底《てってい》されます。戦争に関する報道でも、ロシア皇帝とその家族をおとしめる表現は控える方針がとられます。

また、日清戦争のときと同じく、新聞や雑誌を通じた報道によって愛国心が強く鼓舞《こぶ》され、軍人の活躍が英雄的に伝えられます。とくに、旅順港の戦闘で戦死した海軍少佐の広瀬武夫《ひろせたけお》、遼陽の戦闘で戦死した陸軍少佐の橘周太《たちばなしゅうた》は、勇敢《ゆうかん》さと部下からの人望をたたえられ、それぞれ海軍と陸軍で軍神と呼ばれ、後年には愛国的な軍人の手本として学校の教科書にも取り上げられます。

その一方で、諸外国に日本は民主的な文明国だと示す意図から、戦争反対の言論もある程度は許容されました。『萬朝報』が日露戦争を支持する方針をとると、記者の幸徳《こうとく》秋水《しゅうすい》、堺利彦《さかいとしひこ》らは独立して平民社を結成し、『平民新聞』を発行して反戦論を唱えました。政府にも一般国民にも幸徳らを非難する声は少なくありませんでしたが、反戦論だからといって発行を禁じられることもありませんでした。

歌人・詩人の与謝野晶子《よさのあきこ》は、兵士として出征《しゅっせい》した弟の身を案じて、戦争に批判的な長編詩の『君死《きみし》にたまふことなかれ』を発表します。戦争を支持する国民は彼女を非難しましたが、逮捕《たいほ》されることはなく、弟も軍内で不当なあつかいは受けませんでした。

国民の間で日露戦争を通じて有名になった商品もあります。陸軍軍医総監だった森林《もりりん》太郎《たろう》(小説家の森鷗外《もりおうがい》)が中心となって採用した胃腸薬の忠勇征露丸《ちゅうゆうせいろがん》です。軍では征露丸として支給され、その名のとおり、「ロシアを征服する」という意味が込められていました。市販薬としても広く親しまれ、第二次世界大戦後の1954(昭和29)年に現在の正露丸《せいろがん》と改称されました。

もっとも、戦場では医薬品も武器弾薬も食料も不足し、日露戦争での戦死者、戦地での病死者は約8万4000人と、日清戦争の6・5倍にものぼりました。とりわけ、脚気《かっけ》が原因の病死者は約2万8000人にのぼりました。脚気はビタミンB1の不足が原因で起こる病気で、兵員の食事を工夫すれば防ぐこともできましたが、森は脚気が細菌感染による病気との説を支持して対策を誤りました。

多数の死者、軍上層部の判断ミスといった負の側面は伏《ふ》せられ、帰還した兵士も戦場の実態をくわしく語らないよう命じられました。このため、国民の多くは戦争を楽天的にとらえ、さらなる戦闘の継続が可能だと誤解することになります。

勝利したのに賠償金なし

アメリカのポーツマスで行われた日本とロシアの講和交渉は、1905(明治38)年8月10日から始まりました。日本側の代表は全権委任として派遣された小村と駐米公使の高平小五郎《たかひらこごろう》、ロシア側の代表は日本との戦争に慎重な姿勢をとっていた元財務大臣のウィッテと駐米大使（元日本公使）のローゼンでした。

日本海海戦での勝利により、日本は優勢な立場にあったことから日本の要求のうち、韓国の内政に対する指導、韓国における軍の駐留を全面的に認めることと、ロシアが有していた旅順と大連《だいれん》の租借権、東清《とうしん》鉄道の南部（長春《ちょうしゅん》～旅順の区間）とその沿線地域の利権を譲渡《じょうと》することに、ロシアも合意しました。けれども、樺太の譲渡と賠償金の支払いに強く抵抗します。日本が優勢とはいえ、戦場となったのは清の領内であり、領土を失っていなかったからです。ただ、戦争前に日本が望んでいたのは、ロシアの介入を排除して韓国を自国の勢力圏に置くことであり、それは果たされました。結局、樺太は北緯50度より南半分のみ日本の領土とすることで妥協《だきょう》し、小村は日本国内にいる元老たちと相談のうえ、賠償金の要求は放棄します。

以上の講和条件が8月31日に新聞で公表されます。国民の多くは、西洋の大国であるロシアに勝利したことに歓喜《かんき》しましたが、賠償金が得られなかったことへの落胆《らくたん》は大きく、政府を非難する声が広がります。背景には、開戦後に戦費調達のため地租が3・3

%から5・5%に引き上げられたほか、所得税や営業税も上げられ、国民に負担を強いたことがありました。けれども、政府は大量の戦死者を出していたことや、軍需物資が底をついて戦闘の継続がほぼ不可能なことを国民に伏《ふ》せていたことから、戦闘を再開してロシア領の沿海州を占領するよう主張する国民の声もありました。

ポーツマス講和条約（日露講和条約）の調印が行われた9月5日、治安警察法で制限されていたにもかかわらず、東京市の日比谷公園では講和に反対する大規模な集会が開かれ、約3万人が集まります。参加者の中心となったのは、開戦前からロシアに対する強硬政策を主張していた対露同志会や、民間の国家主義団体の黒龍会ですが、集会の座長を務めたのは憲政本党議員の河野《こうの》広中《ひろなか》でした。日清戦争と日露戦争に多くの国民が徴兵されて愛国心が高まるうちに、政府と対立する政党のなかには、河野のように対外政策で強硬な主張を唱える議員も現れるようになっていたのです。

集会の参加者は暴動を起こし、政府に同調して講和条件に理解を示す内容の論説を載せた『国民新聞』の社屋を襲撃し、警官隊と衝突して警察署に放火したり、内務大臣の官邸を襲撃したりしました。ついに政府は戒厳令《かいげんれい》（戦時下など非常事態において国家が通常時の法律を停止して発する法的措置）を発し、暴動の鎮圧《ちんあつ》のために軍が動員されます。この「日比谷焼打事件」の死者は17人、負傷者は民間人と警察官の合計で約1000人、逮捕者は約2000人におよびました。

10月15日に明治天皇とニコライ2世が講和条約を批准して、日露戦争は正式に終結します。小村は講和条約の交渉で最大限の努力をしましたが、国民からはきびしく批判されました。10月に小村が帰国した際、暴徒に襲《おそ》われないよう、伊藤や山縣らが人垣《ひとがき》をつくって守ったといいます。

日米の対立の火種がまかれる

日露戦争の結果は、それまで明確な対立点がなかった日米関係にも影響を与えます。幕末期の日本と最初に外交条約を結んだのはアメリカですが、アメ

リカは長らく、南北アメリカ大陸の外のことには積極的に関わらない外交政策（孤立主義《こりつ》）をとっていました。しかし、1890年代にアメリカ国内の土地がほぼ開拓《かいたく》される（フロンティアの消滅）と、太平洋・東アジアでの勢力圏の拡大に着手し、フィリピンとグアムを獲得したうえ、ハワイ王国を併合して自国の州（ハワイ州）に組み入れます。

アメリカはさらに、清での商業利権の拡大をはかります。ここで潜在的《せんざいてき》な大敵になるとみなされたのが、満洲で勢力圏を広げつつあるロシアでした。先述したように、大統領のローズヴェルトが日本に協力的だったのは、こうした背景があったからです。

ポーツマス講和会議に先立ち、首相の桂はアメリカ大統領特使ウィリアム・H・タフトと秘密協定（桂・タフト協定）を結んでいます。その内容は、日米が相互に、アメリカによるフィリピンの支配と、日本による韓国の保護・監督を認め、日・米・英の3カ国がたがいのアジアでの勢力圏を尊重し、共存するというもので、日米の関係は深まりました。そして、講和の仲介が国際社会で高く評価され、ローズヴェルトはノーベル平和賞を受賞しました。

ただ、日比谷焼打事件で、アメリカ公使館やアメリカ人の聖職者が在籍するキリスト教会が襲撃を受けたことで、アメリカ人の日本人に対する印象は悪化しました。

日本が戦勝後にロシアから東清鉄道の南部の路線を獲得すると、首相の桂に対して、アメリカの実業家エドワード・H・ハリマンが日米合弁で満洲での鉄道事業を提案しました。しかし、日本の政府関係者は外国の介入を嫌って拒絶します。この一件もアメリカの対日感情が悪化する一因となります。日本政府はのちに、東清鉄道の南部の路線を運営する南満洲鉄道株式会社（満鉄）を設立し、沿線の周辺では日本の行政権が適用され、鉄道の運行だけでなく商工業施設も建てられました。沿線を警備する陸軍部隊も駐留するようになり、これが発展して1919（大正8）年に関東軍となります。

また当時のアメリカ軍には、中南米や太平洋上に領土を持つフランス、ドイツなどの諸国との軍事衝突を想定した複数の戦争計画案（カラーコード計画案）があり、日露戦争後、太平洋での日本との戦闘を想定したオレンジ計画が新たに検討されます。日本軍の上層部でも、アメリカとの戦争を想定して艦隊の増強が検討されました。この日米間の潜在的な対立は、のちに勃発する太平洋戦争まで続くことになるのです。

一方、日露戦争でアジア人の国家である日本が、西洋の大国ロシアに勝利したことはアジア、アフリカ、中東の各国から高く評価されます。清のほか、仏領ベトナム、英領インドなどからは、西洋諸国の帝国主義に対抗して自国の近代化や独立を目指す人々が次々と日本に留学するようになります。反対に欧米では、日本がロシアに勝利したことで、日清戦争の時期から唱えられていた黄禍論《こうかろん》がさらに過熱します。

とくにアメリカでは、かねてより清からの移民が増加し、現地のアメリカ人の雇用《こよう》を奪ったうえ、異なる生活習慣を持つことからアジア人への差別意識が広がり、日本からの移民も差別の対象となっていました。明治時代初期からこの時期までに、日本から没落した士族、自分の農地を得たい農民、起業などを目的とした人々が大量にアメリカに移民していました。その数は1900（明治33）年までで、ハワイ州では2万7000人、カリフォルニア州では1万2000人にのぼります。日露戦争後は、アメリカでは日系移民を攻撃する排日運動が激化し、1907（明治40）年11月から翌年2月にかけて、日本の外務大臣の林董と、駐日アメリカ公使トーマス・J・オブライエンの間で、日本からアメリカへの移民は、定住して農業に従事する者とすでに移民している者の親族以外はきびしく制限するという「日米紳士《しんし》協約」が取り決められました。

政府に声を上げる国民

日露戦争に前後する明治30年代には、国民の政治参加の機会も拡大します。

日清戦争に各地から徴兵された大量の兵士が参加したことによって、国民の間では愛国心が高まります。同時に「自分たちも国のために血を流して貢献《こうけん》しているのだから、政治に参加することを認めるべきだ」という考え方が広がりました。これが選挙権の拡大を求める主張と結びつき、政府はその勢いに押され、１９００（明治33）年には衆議院議員選挙法が改正されます。選挙権を得るのに必要な納税額は10円以上に引き下げられ、選挙権を持つ国民の数は約98万人に倍増しました。加えて、被選挙権を得るのに納税額の制限がなくなります。

◉選挙権の拡大

年	資格（納税額）	資格（年齢／性別）	人口の割合（有権者数）
1889	直接国税15円以上	満25歳以上／男子のみ	1.1%（45万人）
1900	直接国税10円以上	満25歳以上／男子のみ	2.2%（98万人）

そうして行われた1908（明治41）年の選挙における有権者の数は159万人にのぼりました。戦費調達の増税の結果、選挙権を得た国民が増えたのです。

同じころ、産業が発展する陰《かげ》で苦しい生活を送る労働者や農民の間で、福祉の充実、平等な富の分配を唱える社会主義思想が広まります。1901（明治34）年5月には、労働運動家の片山潜《かたやません》、ジャーナリストの幸徳秋水らにより日本初の社会主義政党である社会民主党が結成され、戦争反対、選挙権の制限を廃止した普通選挙の実施、貴族院の廃止を主張します。この動きに、元老の山縣を中心に政府は警戒感を示し、社会民主党は2日で政府に解散させられました。

片山は日露戦争の最中、オランダで開かれた万国社会党大会に日本代表として出席し、ロシア代表のゲオ

そのころ、世界では？

1905年、特殊相対性理論を発表

ユダヤ人のアルベルト・アインシュタインが1905年に特殊《とくしゅ》相対性理論を発表します（一般相対性理論は1915～1916年に発表）。1922年に来日したのを機に、アインシュタインは親日家となります。

ルギー・プレハーノフと握手して、日本とロシアの政府同士が戦争していても人民は同じ仲間だとアピールし、国際的に高い評価を受けました。幸徳は高知県出身で青年期には自由民権運動の影響を強く受け、『萬朝報』の記者を経て独立したのち、ドイツの経済学者カール・マルクスが著《あらわ》した『共産党宣言』を翻訳《ほんやく》するなど、海外の社会主義、無政府主義思想を紹介する著作を次々と刊行します。

労働問題や民衆の貧困のほかにも、産業発展にともなう問題が多発します。その代表的な例が、幸徳も深い関心を寄せた足尾鉱毒事件です。栃木県の足尾《あしお》（現在の日光市）では、実業家の古河市兵衛《ふるかわいちべえ》によって銅山の開発が進められます。その過程で大量の樹木が伐採され、銅の精錬《せいれん》にともなう廃液が近隣の渡良瀬川《わたらせ》に放流されたことで、流域の農村では農作物や家畜が影響を受け、住民の健康被害も多発しました。

栃木県から選出された衆議院議員の田中正造《たなかしょうぞう》は、明治20年代からこの問題を議会でうったえ続けていましたが、十分な対策は行われませんでした。田中は議員を辞任したうえ、1901（明治34）年12月、明治天皇に直訴《じきそ》します（直訴状の原案は田中の依頼《いらい》で幸徳が執筆《しっぴつ》）。失敗に終わったものの、田中の直訴は国民の関心を集めます。

明治時代の偉人❺

紀州が生んだ異彩の博物学者

南方熊楠

Minakata Kumagusu

1867(慶応3)～
1941(昭和16)年

民俗学者の柳田國男に影響を与える

2004年、和歌山県にある「紀伊《きい》山地の霊場《れいじょう》と参詣《さんけい》道《みち》」が世界遺産に登録されました。明治時代末期、政府が同地で進めていた神社の統合と森林の破壊に抗議し、参詣道の自然を守ったのが、博物学者の南方熊楠《みなかたくまぐす》です。

紀州《きしゅう》藩（現在の和歌山県）に生まれ、東京大学予備門（現在の東京大学教養学部）に進学したのち、イギリスに留学してロンドンの大英博物館で働きながら博物学を修め、世界的な権威のある科学雑誌の『ネイチャー』に英語で数々の論文を寄稿しました。

帰国後は、変形菌《へんけいきん》（粘菌《ねんきん》）ほかの生物学や、民間伝承の研究に打ち込みます。大学に属さない環境のなかでも多数の学術論文を発表し、日本の民俗学を創始することになる柳田國男《やなぎたくにお》にも大きな影響を与えました。1929（昭和4）年には、和歌山県を行幸《ぎょうこう》した昭和天皇に生物学の講義を行い、粘菌の標本を献上しています。

第六章
列強への仲間入り

桂園時代

明治時代末期の政界は、政友会を率いる西園寺公望《さいおんじきんもち》と、陸軍と長州閥《ちょうしゅうばつ》を代表する桂太郎《かつらたろう》の2人を中心に動きます。桂はもともと山縣有朋《やまがたありとも》の従順な部下でしたが、首相を務めるうちに山縣ら年長の元老に口出しされることを嫌《きら》うようになり、同世代の西園寺と水面下で協調を進め、いずれ政権をゆずると約束します。

桂は日露戦争の事後処理をほぼ終えると、1906（明治39）年1月に退任し、西園寺を後継の首相に指名しました。この第一次西園寺内閣では、西園寺が首相兼外務大臣（初期には文部大臣も兼任）となり、西園寺と同じく政友会に属する原敬《はらたかし》が内務大臣兼逓信《ていしん》大臣、松田正久《まつだまさひさ》が大蔵大臣兼司法大臣として入閣します。

これより大正時代初期までは、桂と西園寺が交互に首相に就任したことから、両人の名前から一字ずつを取って「桂園時代《けいえんじだい》」と呼ばれます。この時期は、藩閥《はんばつ》政治を脱して政党政治の定着に向かう過渡期にあたります。山縣、伊藤博文《いとうひろぶみ》、松方正義《まつかたまさよし》ら明治時代中期までの藩閥のリーダーが依然《いぜん》として強い影響力を持っていましたが、このころになると入閣せず、政治の第一線から退《しりぞ》いていました。山縣を後《うし》ろ盾《だて》としてきた桂は、軍事や内政などの政策面ではおおむね保守的でした。対して伊藤を後ろ盾とする西園寺は穏健な改革派と立場こそ異なっていたものの、法律の制定や予算案について、桂と西園寺は直接交渉して合意を結ぶことも少なくありませんでした。

第一次西園寺内閣の大きな施策《しさく》の1つに、鉄道国有法の制定があります。当時の鉄道網は、官営の路線が2413キロメートルだったのに対し、民営の路線が約5196キロメートルにおよび、各地に多数の鉄道会社が存在しました。そのため、車両の製造、運賃の決定、鉄道の敷設《ふせつ》計画などは統一されておらず非効率なため、帝国議会では明治20年代から政府による鉄道の一元的な管理が検討されていました。日清戦争と日露戦争が起こり、軍需物資や兵員の輸送における鉄道の重要性が高まると、桂内閣で鉄道の国有化が進められ、西園寺内閣がこれを引き継いで実現させたのです。

政府は約5億円を投じて、関東の甲武鉄道、総武鉄道、東北・中部地方の岩越《いわこし》鉄道、中国地方の山陽鉄道など、17の民営の鉄道会社を1907（明治40）年までに買収し、合計4545キロメートルにおよぶ路線を国家の管理下に置きます。これらは後年の日本国有鉄道（国鉄）、さらには現在のＪＲ各社の主要路線となります。

社会主義運動の高まり

鉄道による物流の発達とともに日本の工業化も加速しましたが、過酷《かこく》な条件で働く労働者の増加により、社会主義思想が広まったことは前の章で述べたとおりです。

桂内閣は１９０１（明治34）年に結成された社会民主党を解散させましたが、国民の自由を認めていた西園寺は、社会主義をある程度は許容する方針をとり、幸徳秋水《こうとくしゅうすい》らが新たに結成した日本社会党の活動を認めました。

社会主義の流れをくむ政治思想はいくつかあります。国家権力を否定し、議会を通じた改革よりも労働組合活動を通じた労働者のストライキ（労働拒否）といった、企業の経営者や権力者との直接対決を重視する無政府主義、農地や工場設備といった資産を民衆が共有することを掲げる共産主義などです。幸徳は渡米して海外の革命家と交流し、無政府主義に傾いていき、選挙を通じた議会での政治活動を主張する片山潜《かたやません》らと対立して日本社会党は分裂しました。幸徳とその支持者が過激な運動に走ることをおそれた内務大臣の原は、１９０７（明治40）年2月に日本社会党を解散させました。

１９０８（明治41）年5月の衆議院選挙では、西園寺が率いる政友会が約半数の議席を占めたことで、安定した政権運営が続くかに思われました。ところが翌月、東京市の神田《かんだ》（現在の東京都千代田《ちよだ》区）で政権をひっくり返すきっかけとなる事件が起こります。幸徳の同志である荒畑寒村《あらはたかんそん》や大杉栄《おおすぎさかえ》らが、逮捕《たいほ》された仲間の出獄《しゅつごく》を祝う際、「無政府共産」「社会革命」などと書いた赤旗を掲《かか》げて路上を行進しようとし、警戒にあたっていた警官隊と衝突します（赤旗事件）。この事件後、山縣や桂らが、社会主義に対して寛容《かんよう》な西園寺を徹底的《てっていてき》に非難します。西園寺内閣は総辞職を余儀《よぎ》なくされ、１９０８（明治41）年7月に第二次桂内閣が成立しました。

未遂であっても死刑に

20世紀に入る前後のロシアやアメリカなどでは、貧富の差が拡大するとともに政府への反発が高まり、過激な無政府主義者による王侯や政治家の暗殺が多発していました。日本の急進的な社会主義者たちもその影響を受けることになります。

幸徳と親交のあった職工の宮下太吉《みやしたたきち》、元新聞記者の管野《かんの》スガ（須賀子《すがこ》）らは、小型の爆弾を製造し、明治天皇の暗殺を計画します。しかし実行前に発覚し、未遂に終わりました。明治時代から戦前までの刑法では、天皇・皇族に危害を加える行為は大逆罪《たいぎゃくざい》とされていたことから、１９１０（明治43）年5月に起こったこの事件は「大逆事件」と呼ばれます。大逆罪はたとえ未遂であっても、死刑が適用される重罪でした。

この暗殺計画について、幸徳は宮下から大まかな相談を受けただけでほとんど関与していませんでしたが、政府は社会主義者の間で強い影響力を持っていた幸徳を主犯とみなします。幸徳だけに留まらず、幸徳と親交のあった人物が次々と逮捕されました。

逮捕者のうち26人が起訴《きそ》されたものの、事件への関与の証拠《しょうこ》は不十分でした。裁判は非公開のうえ一審しか行われず、１９１１（明治44）年1月に判決が下され、幸徳、管野、宮下ら12人が死刑となり、判決からわずか1週間ほどで刑が執行《しっこう》されました。

大逆事件は、当時の文化人や学識ある階層に大きな衝撃を与えます。作家の徳冨蘆花《とくとみろか》（『国民新聞』を刊行した徳富蘇峰《そほう》の弟）は、天皇を害することには反対しつつも、明治維新を起こした尊王攘夷《そんのうじょうい》の志士もかつては幸徳らと同じ反逆者であり、幸徳らの死刑は不当だとする講演を行いました。歌人の石川啄木《いしかわたくぼく》は、弁護士の平出修《ひらいでしゅう》を通じて大逆事件について詳細に調べ、幸徳らに同情を寄せる短歌を残しています。

第二次世界大戦後には、大逆事件の詳細な調査が進み、政府内で社会主義を敵視していた山縣らによる裁判への介入、拷問《ごうもん》による自白の強要などが行われ、逮捕者の大部分は冤罪《えんざい》だったことが明らかになっています。

教科書の内容を閣議決定

大逆事件の影響として、政府は歴史教科書の内容を見直すことになります。かねてより政府は教育勅語《ちょくご》を通じて、学校では愛国心を説き、天皇家を中心とした日本の歴史（皇国史観）の教育に力を入れていました。

こうした状況下で、歴史教科書での日本の南北朝時代の記述が問題視されます。14世紀の朝廷は、後醍醐《ごだいご》天皇を祖とする吉野《よしの》（奈良県）の南朝と、光厳《こうごん》天皇を祖とする京都の北朝とに分かれていました。その後、室町幕府の3代将軍である足利義満《あしかがよしみつ》が南北朝を統一し、後花園《ごはなぞの》天皇からは北朝の血統の天皇が続きます。ただ、幕末期の尊王攘夷運動に強い影響を与えた水戸学《みと》は後醍醐天皇を正統とし、南朝と敵対した足利氏を逆賊《ぎゃくぞく》とみなしました。明治政府もこの解釈を引き継ぎますが、1903（明治36）年に最初の国定教科書として認められた『小学日本史』では、南朝と北朝が併記されていました。

ところが大逆事件の裁判で幸徳が、明治天皇が北朝の子孫であることを理由に天皇の権威を否定すると、南朝と北朝のどちらが正統かが議会で議論されます（南北朝正閏《せいじゅん》論《ろん》）。結局、1911（明治44）年2月に明治天皇の同意を得たうえで、第二次桂内閣は「南朝が正統である」と閣議決定し、国定教科書を改訂して北朝を歴代天皇から削除し、南北朝を併記した『小学日本史』の編者であった歴史学者の喜田貞吉《きたさだきち》は休職処分となりました。以降、現在に至るまで、宮内庁の天皇系図では南朝が正統とされています。

韓国を見捨てた国際社会

日本は日露戦争の勝利によって満洲からロシアの影響力を排除したのち、韓国の併合を推し進めます。1904（明治37）年2月、日露戦争の開戦直後に、日本は韓国との間で議定書（日韓議定書）を取り交わし、韓国の独立と皇帝一族の安全を保障する代わりに、韓国内での日本軍の行動の自由や、韓国の内政への日本側の忠告を受け入れることなどを認めさせました。8月には、韓国政府内に日本人の顧問《こもん》をメンバーに入れることと、日本が韓国の外交権を代行することを決めます。これを第一次日韓協約といいます。

翌1905（明治38）年11月には、日本は韓国政府に軍事的な圧力をかけて第二次日韓協約（日韓保護条約）を結び、日本政府が韓国の外交権を代行する（実質的に取り上げる）こと、韓国の外交と治安維持などの内政を日本が指導する機関として、統監府《とうかんふ》を設置することを認めさせました。翌年2月に統監府が開設され、伊藤が初代統監に就任し、韓国は日本の保護下にある保護国（他国によって主権を制限された植民地に準じる立場）となります。西洋諸国は日本が韓国を支配下に置こうとするこの動きを容認します。日本はイギリスと日英同盟を、アメリカとも桂・タフト協定を結んでおり、日露戦争に敗れたロシアも口を挟《はさ》まなくなっていたのです。

日韓協約における交渉相手は韓国首相の李完用《りかんよう》で、日本への追従と引き換えに、両班《ヤンバン》（文官の文班《ムンバン》と武官の武班《ムバン》からなる韓国の伝統的な貴族層）による政治体制の維持をはかっていました。このほか、日本との協調による韓国の近代化を唱《とな》える政治家の李容《りよう》九《きゅう》らは民間団体の一進会《いっしんかい》を組織して、日本による韓国の併合を推進しようとしました。ただ、皇帝である高宗《こうそう》や韓国の民衆の多くは、長い独自の歴史を持つ自国が日本の支配下に組み込まれることに強く反発します。

そして高宗は行動を起こします。1907(明治40)年6月にオランダのハーグで万国平和会議が開催され、44カ国が軍縮や戦争法規(戦時の国際法)について話し合いました。高宗はこの会議に自国の高官を密かに派遣し、国際社会に韓国の主権回復をうったえようとしました。しかし、会議に参加していた各国の指導者に交渉を拒否されます(ハーグ密使事件)。なお、この会議で宣戦布告前の先制攻撃が禁止と定められています。

事件後、韓国統監の伊藤は高宗をきびしく非難し、伊藤に同調する李完用の進言によって高宗は退位し、その子である純宗《じゅんそう》が即位します。同年7月には第三次日韓協約を結び、韓国での法律の制定、高級官僚の人事といった内政の重要事項も統監府が決定することを認めさせたうえ、韓国軍を解体させました。結果、李完用は民衆の憎悪《ぞうお》の対象となり、自宅が焼き討ちにあいます。それに留まらず、各地では武装した農民や元軍人による日本への抵抗運動(義兵闘争)が展開されました。

伊藤の死と韓国併合

韓国側の反発に対して、伊藤博文は韓国の統治は日本にとって経済的に大きな負担となることを憂慮《ゆうりよ》し、日本の指導のもとで韓国の教育・医療などの近代化をはかるのみに留め、完全な植民地化は考えていませんでした。ところが、義兵闘争が激化すると、日本の政府内では韓国を植民地として併合すべきという強硬《きょうこう》な意見があがります。

伊藤は義兵闘争に対応しきれず、１９０９（明治42）年6月に統監を辞任し、この翌月の閣議で韓国の併合が決定されます。そして同年10月、伊藤はロシアとの交渉に向かう途中、ロシアの租借《そしゃくち》地だった清のハルビン（現在の黒竜江《こくりゅうこう》省ハルビン市）駅において、韓国の独立運動家の安重根《あんじゅうこん》に暗殺されます。11月には日比谷公園で伊藤の国葬が営まれ、政府関係者が参列したほか、30万人もの民衆が集まりました。

伊藤の死によって政府だけでなく、日本国民の間にも韓国に対する強硬な意見が高まり、韓国の併合を唱える山縣、桂らが政府の主導権を握ります。

日本は韓国の併合に向けて、イギリスとアメリカ以外の大国にも根回しを進めていました。ハーグの万国平和会議の開催中には第一次日露協約を結び、ロシアによる満洲北部の支配と日本による満洲南部の支配を相互に認めます。これは、アメリカの満洲への進出を牽制《けんせい》するという意図もありました。続いて1910（明治43）年7月に第二次日露協約を結び、日本による韓国併合に対するロシア側の黙認をとりつけます。

同年8月22日、日本政府と李完用との間で「韓国併合ニ関スル条約」（併合条約）が結ばれたことで、1392年から続いた李氏が統治する国家は滅亡します。

朝鮮を統治する機関として、日本から派遣された文官をトップとする統監府に代わり、日本から派遣した武官をトップとする総督府が新たに設置され、韓国の都だった漢城《かんじょう》は「京城《けいじょう》」と改称されました。朝鮮では

そのころ、世界では？

1910年、南アフリカ連邦が成立

イギリスは1902年に終結したボーア戦争を経て、南アフリカにあるオランダ系白人移民の居住地を併合しました。さらに、これらとイギリス領の地域とを統合して南アフリカ連邦が形成されました。

大日本帝国憲法は適用されず、総督府が独自に朝鮮民事令や朝鮮刑事令を施行《しこう》しました。大韓帝国の第2代皇帝だった純宗は、皇族に準じる待遇《たいぐう》を受けて京城の宮殿で暮らし、李完用は朝鮮総督府の中枢院《ちゅうすういん》顧問になります。

西洋諸国と対等な立場に

日露戦争での勝利によって日本の国際社会における発言力は高まり、これを追い風に外務大臣の小村寿太郎《こむらじゅたろう》はアメリカと交渉を重ね、1911(明治44)年2月の日米通商航海条約の満期改正にともなって、日本の関税自主権が認められます。ほかの西洋諸国も同様に条約改正に応じました。半世紀近くを経て、幕末期に結んだ不平等条約が改正され、日本は名実ともに西洋諸国と対等な立場になったのです。

ようやく念願の不平等条約の改正が果たされたものの、時の第二次桂内閣は、議会では政友会をはじめとする多数の議員から非難されました。社会主義を規制したにもかかわらず、幸徳秋水らによる明治天皇の暗殺計画(大逆事件)が発覚したからです。韓国併合と不平等条約改正の実現を区切りとして内閣は総辞職したことで、1911(明治

44）年8月に第二次西園寺内閣が発足します。
日露戦争の勝利は、その後の国際関係と日本の外交方針にも大きく影響します。もともと日本とロシアが対立していた背景にはロシアの南下政策がありましたが、日露協約を結んだ以後は、東アジアでの勢力圏を満洲北部に留め、東欧のバルカン半島での勢力拡大に力を注ぎます。この動きをオーストリア＝ハンガリー帝国は警戒し、ドイツもオーストリア＝ハンガリー帝国に同調します。

同時期のドイツは、中東やアフリカで、イギリス、フランスとの対立を深めていました。かねてよりフランスとロシア、イギリスとフランスはそれぞれ同盟関係にありましたが、１９０７（明治40）年にイギリスがロシアと同盟（英露協商）を結び、イギリス・フランス・ロシアの３カ国が外交と軍事に関して協力し、

◉西洋諸国の対立構図における日本

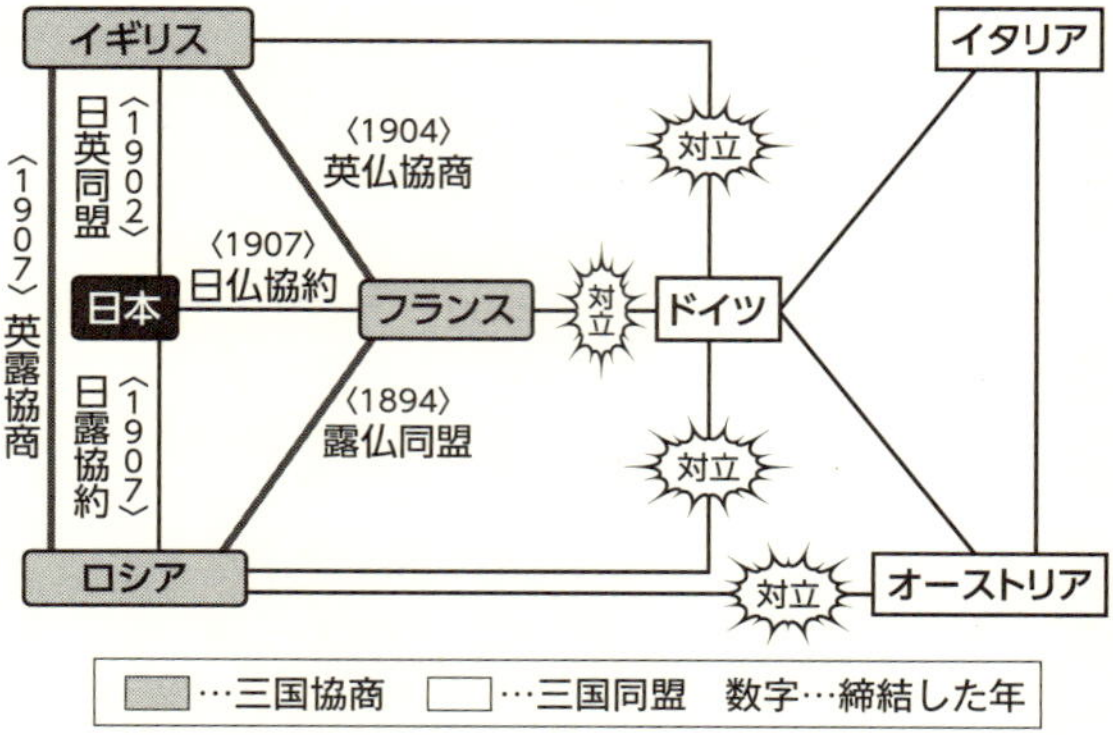

ドイツに対抗する三国協商と呼ばれる体制を構築します。

三国協商の成立によって、１９１１（明治44）年７月に改定された日英同盟（第三次日英同盟）における仮想敵国はドイツとなります。また、このころから日米関係は悪化しつつありましたが、イギリスはアメリカとの戦争を望んでおらず、日本とアメリカが戦争することになっても同盟は適用されないことになりました。他方、この同盟にもとづき、１９１４（大正３）年に第一次世界大戦が起こった際、日本は協商国（連合国）側として参戦し、ドイツと戦うことになるのです。

日本が起点となった革命

日清戦争後には清《しん》から日本への留学生が増加していました。これらの留学生をはじめ、日本や西洋諸国の影響を受けた清の知識人の間では、改革に留まらず、清の打倒をはかる革命運動が盛り上がります。その代表的な人物が孫文《そんぶん》です。孫文は日清戦争中の１８９４（明治27）年にハワイで興中会《こうちゅうかい》という組織を結成します。さらに、日本への留学経験のある黄興《こうこう》、宋教仁《そうきょうじん》、章炳麟《しょうへいりん》ら清の各地で革命運動を推し進める人々が合流し、１９

０５（明治38）年に中国革命同盟会が結成され、満洲族である皇帝一族の打倒と、漢民族を中心とした新しい政治体制の構築を掲げます。中国革命同盟会が結成されたのは日本でした。孫文とその同志たちは清による弾圧を逃れるため、日本を活動拠点にしていたのです。孫文らは日本の明治維新を革命のモデル像としていましたが、日本政府は清との外交関係や清での利権が絡《から》むため、革命運動と距離を置いていました。

ただし、憲政本党に属する政治家の犬養毅《いぬかいつよし》（昭和初期に首相就任）、西洋諸国に対抗するためにアジア人の連帯を主張していた頭山満《とうやまみつる》、青年期に自由民権運動に参加してアジア各国の革命を唱えていた宮崎滔天《みやざきとうてん》、天皇を中心とする独自の社会主義を構想した革命家の北一輝《きたいっき》、貿易商・映画製作者として国内外に広い人脈を持つ梅屋庄吉《うめやしょうきち》など、一部の民間人は孫文らを支援し、資金や武器の調達に協力しました。

１９１１（明治44）年10月、清の湖北《こほく》省の要衝である武昌《ぶしょう》（現在の武漢《ぶかん》市武昌区）において政府に不満を抱く軍人が蜂起《ほうき》したのをきっかけに、清の各地で反乱が起こります。湖北省をはじめ13の省は清からの独立を宣言しました。この年の干支《えと》が辛亥《しんがい》だったことから、のちに辛亥革命と呼ばれます。アメリカに滞在していた孫文は急いで帰国すると、革命勢力内で行われた選挙によって臨時大総統に選出されます。そして1912（明治45）年1月に江蘇省《こうそ》の都市である南京《ナンキン》で、「中華民国」の樹立を宣言しました。

中国の革命の影響

新国家である中華民国の勢力範囲は、建国宣言の段階では主に南部のみで、清の都である北京《ペキン》と北部の各省はなおも清の支配下にありました。ただし、時の皇帝である宣統《せんとう》帝はわずか6歳であり、すでに西太后《せいたいこう》は死去しており、政治と軍の実権を握っていたのは、李鴻章《りこうしょう》から北洋軍を引き継いだ袁世凱《えんせいがい》でした。何よりも共和政国家の樹立を目指していた孫文は、自分に代わって袁世凱が中華民国の大総統となることを認め、引きかえに宣統帝を退位させるよう取り決めます。この結果、宣統帝こと溥儀《ふぎ》は退位し、1636年に建国された清は滅亡しました。

日本の政界では、清政府を支持するか、革命勢力を支持するか意見が分かれます。山縣と一部の陸軍幹部は当初、革命勢力を軍事的に支援して満洲を清から独立させ、日本の実質的な支配下に置くことを主張しましたが、宣統帝が退位すると、一転して皇帝一族を支援して満洲を独立させるよう主張します。陸軍による満洲への出兵の動きを新聞が報じると、イギリスやアメリカが警戒感を示したため、西洋諸国との協調をはかる首相の西園寺は山縣の方針に懸念《けねん》を示し、松方も財政面から介入に反対します。結局、満洲に在留する日本人を守るため、小規模な部隊を派遣することで落ち着きます。

孫文らを支援していた犬養は、中華民国政府との連携をうったえます。ところが、元老たちは、共和政を樹立した辛亥革命の影響が日本におよび、天皇を中心とした統治体制をおびやかす政治運動につながるという不安を抱きました。加えて、中華民国の大総統に就任した袁世凱が孫文らを弾圧して権力を握ろうとするなど、中華民国の政情は不

◉第三次日露協約（1912年）

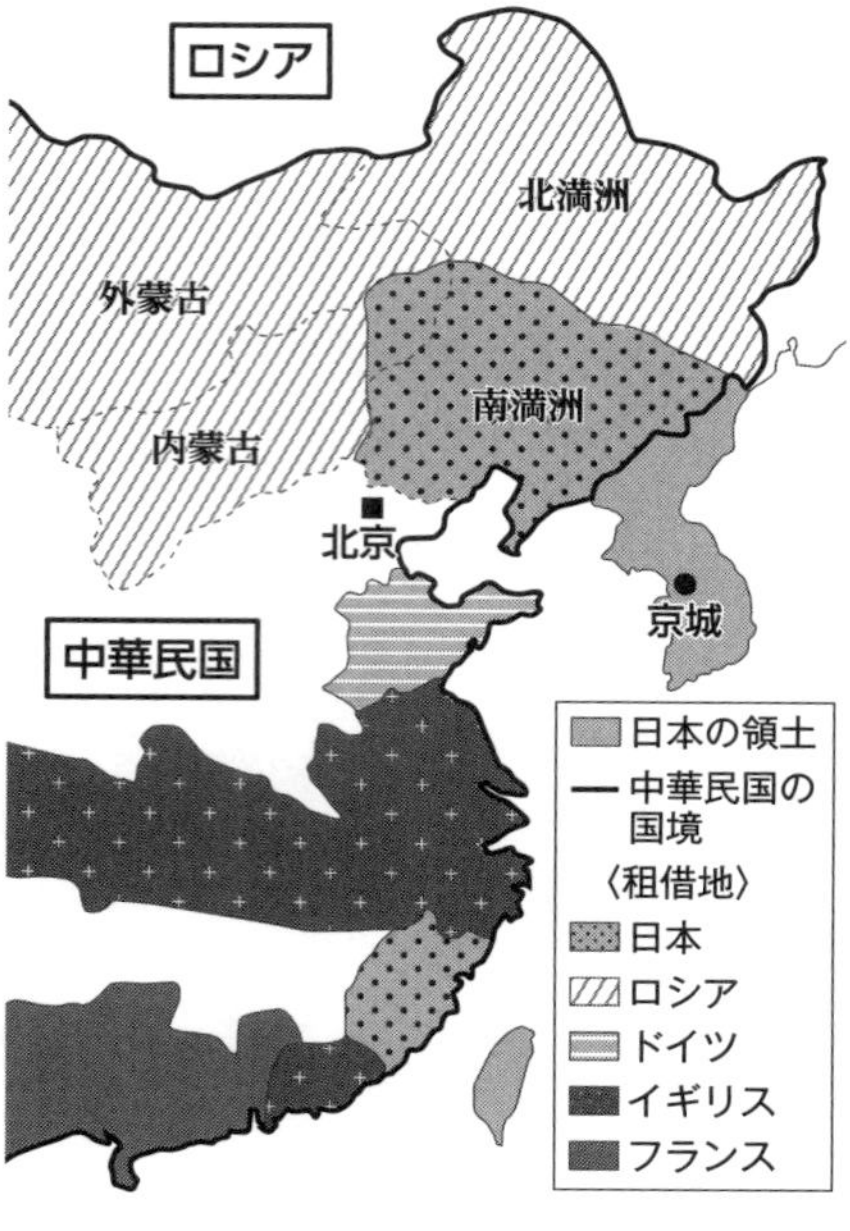

安定だったため、政府間の公式な外交関係は一時的に途絶えます。

辛亥革命は清の少数民族の分離も招きます。清の支配下にあったモンゴル（蒙古《もうこ》）は、北部の外蒙古《がいもうこ》（現在のモンゴル国）と南部の内蒙古《ないもうこ》（現在の中華人民共和国内モンゴル自治区）の2地域があり、辛亥革命が起こると外蒙古は一方的に独立を宣言し、内蒙古でも外蒙古との合併を唱える声が広がります。中華民国政府は独立を認めませんでしたが、外蒙古と内蒙古を完全に制圧する力もありませんでした。このため満洲とモンゴルの国境周辺は国際的な帰属があいまいな状態となります。日本政府は1912（明治45）年7月にロシアと第三次日露協約を結び、中華民国の了承を得ないまま、内蒙古の東部は日本、西部はロシアの勢力圏と定めました。

過酷すぎる労働環境

台湾の獲得に続き、満洲に勢力圏を広げ、さらに韓国を併合したことは、日本の産業の発展に大きく影響します。満洲から肥料に使われる大豆粕《だいずかす》を輸入したり、朝鮮半島や台湾から米や砂糖を仕入れたりする一方、台湾、満洲、朝鮮半島は日本で生産された綿製品の輸出先にもなります。加えて、主にアメリカを対象とした生糸《きいと》の輸出によって、繊維産業は引き続き成長を続けました。生糸の生産量は、1909（明治42）年には8372トンにおよび、清を抜いて世界1位となります。

日露戦争のための軍備拡張をきっかけとして重工業も発展します。1903（明治36）年には3万9788トンだった機械の部材や建築材料に使われる鋼材の生産量は、1908（明治41）年には9万9255トンと倍以上になりました。長らく大型の軍艦は輸入に頼っていましたが、1910（明治43）年には、当時の海軍で最大級となる戦艦「薩摩《さつま》」が横須賀《よこすか》海軍工廠《こうしょう》（神奈川県横須賀市）で完成します。

工業の発達と都市人口の増加によって電力の需要が増え、発電所の建設、工場への電力供給、一般家庭での電灯の普及も進みます。1906（明治39）年に89社だった電気事業者は、約5年間で272社に増えました。

産業が発展したにもかかわらず、日本経済は必ずしも好調とはいえませんでした。日露戦争の戦費を調達するために巨額の対外債務《さいむ》を抱えていたうえ、綿花や鉄鉱石といった工業資源は輸入に頼り、貿易収支が赤字続きだったからです。

産業を支える工場労働者は、1900（明治33）年の32万7796人から1909（明治42）年には80万9480人になりましたが、その多くが劣悪《れつあく》な労働環境に苦しんでいました。その代表例が、当時の主要な輸出産業だった紡績工場や製糸工場で働く女子工員（女工）です。大部分は10～20代で、家計を支えるため現金収入を必要とする貧しい農家の出身でした。彼女らは寮《りょう》に住み込みで集団生活を送り、換気の悪い工場で12時間以上も立ちっぱなしでの作業も日常茶飯事でした。休日は年末年始とお盆の間だけの工場もありました。重労働で健康を害して病気になり、働けなくなって故郷に帰されたり、そのまま命を落としたりする女子工員も少なくありませんでした。

日本に先んじて産業革命を進めていた西洋諸国は、このころすでに適正な労働条件を定める工場法を導入していました。社会主義者による革命運動を防ぐためには、労働者の待遇《たいぐう》を改善して、不満をやわらげる必要があったからです。日本政

府も労働者の待遇の実態を把握する必要は感じており、農商務省工務局が工場労働者と経営者への聞き取り調査を行い、その結果をまとめた『職工事情』が1903（明治36）年に刊行されると、国家の発展を維持するには労働者の保護が必要と政府は認識します。1911（明治44）年3月、日本で初めて労働者の保護を目的とした工場法が制定されます（施行《しこう》は大正時代の1916年）。しかし、その主な内容は「12歳未満の就労禁止」「1日の労働時間の上限は12時間」「最低でも月2回の休日の設置」など、現代とくらべるとかなり過酷な条件でした。工場法の対象も、常時15人以上の職工が働く工場に限られ、大多数の中小規模の事業所には適用されませんでした。しかも、保護の対象は女子労働者と15歳未満の労働者のみで、成人男子の労働者は対象外でした。

この工場法は大正時代に一度改正されますが、対象となる工場は職工10人以上、1日の労働時間が11時間とされるなど、わずかな改善しか行われませんでした。

近代の精神をえがいた作家

出版物で言文一致が定着した明治時代後期には、新聞での連載によって広く大衆に読まれる文学作品が増え、作風も多様化します。

言文一致の先駆者だった坪内逍遥《つぼうちしょうよう》、二葉亭四迷《ふたばていしめい》らは、現実をそのままに描写する写実主義を唱えました。その影響を受けた尾崎紅葉《おざきこうよう》は、富豪に恋人を奪われた学生が立身出世を目指す『金色夜叉《こんじきやしゃ》』、不倫の恋を題材にした『多情多恨《たじょうたこん》』などの作品で人気を博します。尾崎と並ぶ明治時代中期の人気作家である幸田露伴《こうだろはん》は、理想主義的な人間観を掲げ、江戸時代の大工の生き様をえがいた小説『五重塔』や、中世から江戸時代に書かれた『曽我物語《そがものがたり》』『南総里見八犬伝《なんそうさとみはっけんでん》』といった古典の解説を多く残します。

明治時代後期になると、人間の生態や社会を美化せず、ありのままに描写しようとする「自然主義」が広まりました。その代表格である島崎藤村《しまざきとうそん》は、被差別部落の出身者を題材にした『破戒《はかい》』で知られます。自然主義の文学作品は、作者が親子や男女の衝突といった私的な体験を告白する「私小説」が多く、代表的な作家として田山花袋《たやまかたい》や徳田秋声《とくだしゅうせい》などがいます。

一方、自然主義に批判的な立場だった森鷗外《もりおうがい》は、情念や理想を重んじる「浪漫《ろまん》主義」を掲げ、学生と貧しい娘の恋愛をえがいた『雁《がん》』、作家を目指す若者をえがいた『青年』を発表し、後年は主に江戸時代を舞台にした歴史小説を手がけました。浪漫主義の流れからは、怪談のような伝承を題材にした『高野聖《こうやひじり》』『天守物語』などで知られる泉《いずみ》鏡花《きょうか》、大胆《だいたん》な恋愛の短歌を多く残した与謝野晶子《よさのあきこ》などの作家が現れます。

明治時代の文学における大きなテーマの1つは、日本を含めた東洋の伝統的な価値観と、政府の欧化政策に象徴される西洋的な価値観の衝突でした。夏目漱石《なつめそうせき》はイギリスへの留学経験を持つ東京帝国大学の英語講師でしたが、西洋的な価値観と距離を置き、学者としての立身出世に背を向けて専業作家となりました。『坊っちゃん』『それから』などの作品では、近代的な教育を受けた青年と権威的な大人の対立をえがきつつ、富や地位を追い求めない隠遁者《いんとんしゃ》のような生き方を理想としました。

明治時代初期の出版や教育、政治思想を主導したのは、高等教育を受けた士族の男性でした。しかし、当時としては数少ない女性の実業家で鉱山や銀行の経営にもたずさわっていた広岡浅子《ひろおかあさこ》は、大隈重信《おおくましげのぶ》や渋沢栄一《しぶさわえいいち》らの支援を受け、1901（明治33）年に日本初となる女子の高等教育機関である日本女子大学校（現在の日本女子大学）を設立します。その卒業生である平塚らいてうは、1911（明治44）年に婦人雑誌『青鞜《せいとう》』を創刊します。同誌には小説家の野上弥生子《のがみやえこ》、岡本かの子らが寄稿《きこう》し、自由な恋愛や女性の社会的地位の向上を広める媒体へと発展し、女性の文化人も増えていきます。

文学などの出版物ばかりでなく、音声、映像を用いた媒体も登場します。音声を再生する蓄音機は明治10年代から輸入され、実業家の松本武一郎《まつもとたけいちろう》が1910（明治43）年に初めて国産の蓄音機を製造すると本格的に普及し、西洋音楽のほか、雅楽《ががく》、能楽、落語《らくご》、詩の朗読などの音盤（レコード）がさまざまな会社から発売されました。

1897（明治30）年には、大阪で初めて活動写真（映画）の興行が催《もよお》されます。1903（明治36）年には、東京市の浅草で最初の常設映画館である電気館（のちに浅草電気館と改名）が開業します。なお、昭和初期までの映画には音声がなく、活動弁士と呼ばれる解説者が、作中の登場人物のセリフを言ったり、ナレーションを務めたりしました。

科学と技術の発達

明治時代前期まで日本の産業や科学技術の発展は、政府機関や学校、民間企業に勤務するお雇《やと》い外国人に支えられていました。ただし、お雇い外国人に支払う給与は高額で、閣僚に匹敵《ひってき》する場合もあり、財政に多大な負担がかかっていました。明治時代中期から後期になると、お雇い外国人から知識や技術を吸収した人々や、海外に留学して知識や技術を身につけた人々も増え、工学や医学など科学技術の分野で大きな業績を残すようになります。

工部大学校（現在の東京大学工学部の前身の1つ）で、イギリス人の建築家コンドルの教え子だった辰野《たつの》金吾《きんご》は、日本銀行本店のほか、中央停車場（現在の東京駅）などの建物を設計したことから、「日本近代建築の父」と呼ばれます。同校出身の片山東熊《かたやまとうくま》は、東宮御所《とうぐうごしょ》（現在の迎賓館赤坂離《げいひんかんあかさかり》

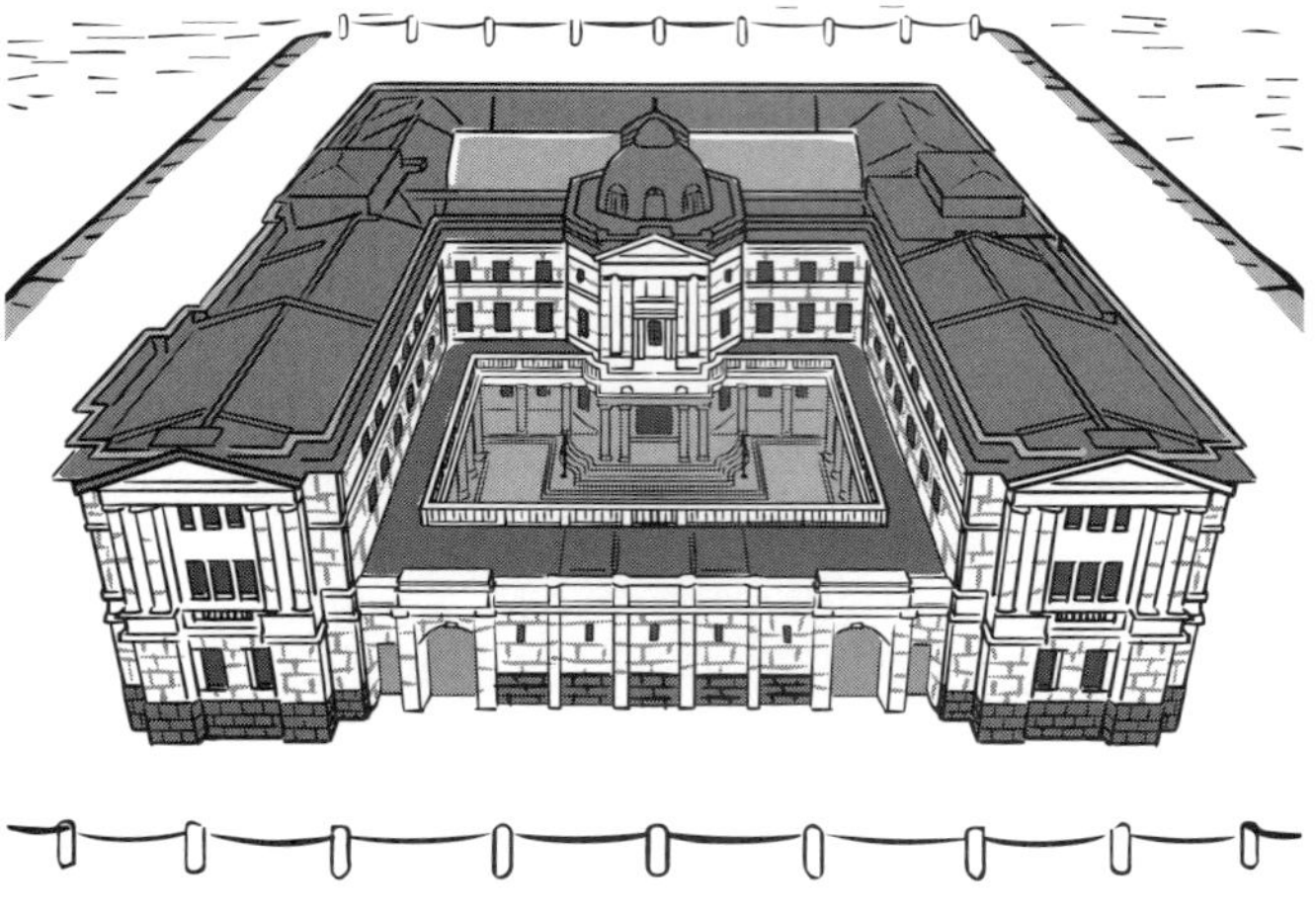

宮《きゅう》）、上野公園の東京国立博物館の敷地に立つ表慶館《ひょうけいかん》などの設計を手がけています。

明治維新後、政府は西洋医学の導入を積極的に進め、江戸幕府が設置した西洋医学所を発展させた東京医学校（現在の東京大学大学院医学系研究科・医学部）を創設し、主にドイツから医学の講師を招きました。その卒業生である細菌学者の北里柴三郎《きたざとしばさぶろう》はドイツに留学したのち、福沢諭吉の支援を受けて日本国内に設立された伝染病研究所（現在の国立感染症研究所）の初代所長を務めます。感染症であるペストの病原菌を発見したほか、破傷風《はしょうふう》の予防と治療法を確立するなどの業績が評価され、２０２４（令和６）年発行の新紙幣《しへい》の肖像に採用されました。

同研究所は世界的な細菌学者を輩出します。志賀潔《しがきよし》は感染症である赤痢《せきり》の病原菌を発見して治療法の確立に貢献し、秦佐八郎《はたさはちろう》はドイツ人のエールリッヒとともに性感染症である梅毒の治療薬（世界初の抗生物質）を開発しました。野口英世も一時在籍しており、のちにアメリカへ渡るとロックフェラー研究所に属し、梅毒の病原菌を突きとめ、検査や治療法の発展に貢献します。

工部大学校の出身で、化学者の高峰譲吉《たかみねじょうきち》は食物の発酵《はっこう》・分解の研究で知られています。

世界で初めて人体のホルモンの一種であるアドレナリンを抽出して商品化したほか、消化酵素のジアスターゼを消化薬（タカジアスターゼ）として商品化しました。また、国立の科学研究所の必要性を政府にうったえ、大正時代に理化学研究所（理研）が設立されます。

今日、私たちがサプリメントとしても摂取《せっしゅ》しているビタミンを、世界で初めて商品化したのが農芸化学者の鈴木《すずき》梅太郎《うめたろう》です。１９１０（明治43）年に米のぬかからビタミンB１に該当する成分を抽出し、オリザニンという商品名（イネの学名が由来）で発売し、これはビタミン不足から起こる脚気の治療薬として普及しました。

急激に増えた人口

先にふれた医学、薬学の発達、近代的な医療制度の定着に加え、明治時代中期以降、都市部では上下水道が整備されるなど、衛生環境が向上しました。これらは伝染病の予防や、乳幼児の死亡率の低下、平均寿命の上昇につながります。江戸時代後期の日本の人口は約３３００万人と推定され、幕末まで１００年以上ほとんど変化していませんが、明治時代の45年間で約5000万人にまで増加しました。

明治時代末期になると、現代の私たちが知る生活環境に近づいてきます。一般家庭への電力の供給は明治20年代から始まり、1908（明治41）年には電灯を導入している住宅が全国で100万戸を超えます。

都市部や観光地を中心に交通網も発達します。1895（明治28）年には京都市内で路面電車の京都電気鉄道が開業しました。東京市内でも1903（明治36）年に東京電車鉄道が開業し、のちに別の2社とともに東京市が買収して市営となりました。これは東京都交通局が運営する現在の東京都電車（都電）の前身となります。

日本で電話の敷設と利用が始まったのは1890（明治23）年のことで、最初の加入者数は東京と横浜で合わせて197世帯でした。それが1907（明治40）年には5万世帯以上にまで増加します。当時の電話はかけた相手に直接つながるのではなく、電話交換局にかけてから相手の電話機へ回線をつないでもらう形式でした。

都市部を中心に民衆の生活は豊かになりましたが、社会は決して平穏《へいおん》とはいえませんでした。日露戦争の時期は多くの国民が政府のもとに団結しましたが、ロシアに勝利すると〝日本は大国になった〟という慢心《まんしん》が国民の間で広がり、まじめに働くよりもギャンブルなどで大金を得ようとしたり、目先の快楽を求めたりする人が増えます。また、日比谷焼打事件のような大規模な反政府運動が起こったり、貧富の差が拡大することへの不満から社会主義も広がったりしました。

こうした動きを警戒し、1908（明治41）年に、明治天皇の考えを表した公文書（詔書《しょうしょ》）である「戊申《ぼしん》詔書」が発布されます。皇室と国家への奉仕と質素な生活を送るよう説かれ、国民の精神の引《ひ》き締《し》めがはかられます。

大半が小学校卒で労働に従事

都市部の発展の陰《かげ》で、地方の大部分は発展から取り残され、貧しい小作人が多数を占めました。子どもの進路がそれを反映しています。

義務教育の授業料は1900（明治33）年の小学校令の改正で無償《むしょう》となり、就学率は100％近くなります。そして、1907（明治40）年の小学校令の改正で、義務教育は4年から6年に延長されました。とはいえ、尋常《じんじょう》小学校から義務教育に該当しない高等小学校や中学校に進学する者は少数でした。

農村や漁村の子どもは、尋常小学校を卒業するとすぐに親とともに働き、家の跡取り《あとと》とならない二男以下の男子は商店の丁稚《でっち》、工場の工員、鉱山労働者などになる者が大多数を占めます。女子も工場の工員となったり、商家や地主などの家庭に女中として雇われて家事労働に従事したりします。20歳前後で結婚する女性も多く、夫が農家だったり小さな商店を経営していたりすれば、ともに仕事をすることが一般的でした。

日本各地の村落では、義務教育より先の中等・高等教育への進学率は伸び悩んでいました。新しい知識や技術が広まらないことから農業生産も向上せず、貧困から税を滞納《たいのう》する者も多く、地域内で住民が仕事や生活で助け合う制度も不十分でした。

これらは地方の村落が孤立《こりつ》していることが大きな要因だったことから、政府は戊申詔書で説かれた国家への奉仕の精神にもとづいて、農村を政府と結びついた近代的な共同体に再編し、農業生産や生活環境を向上させる地方改良運動を実施しました。具体的には、住民の共同出資による金融機関である信用組合の設立、農具や肥料の共同購入などが進められました。また、各地で職業ごとの同業組合、青年会、婦人会、退役した軍人による在郷軍人会などの団体を設立し、それらを通じて地域住民の結束を高めるとともに、地方自治体や政府とのつながりを強めました。

一連の施策と並行して、政府は1893（明治26）年から各地に農事試験場を設立して、収穫量の多い品種や寒さに強い品種の稲を選別し、それらの栽培を全国に広めます。除草に使う田車《でんしゃ》などの新しい農機具や、西洋諸国からとり入れた新しい農業技術もしだいに普及し、大正時代に入ると農業生産は向上していきます。

“明治”という時代の終わり

1900（明治33）年、明治天皇の皇太子である嘉仁《よしひと》親王（のちの大正天皇）が、華族の九条節子《くじょうさだこ》（のちの貞明《ていめい》皇后）と結婚します。嘉仁親王が側室を持たなかったことから、皇室では一夫一妻制が通例となります。

2人の結婚式において、神主が祝詞《のりと》をあげて盃《さかずき》を交わす、神前式が宮中で初めて行われました。じつは、神主の面前で行われる神前式は古来の伝統的なものではなく、教会において神父のもとで行われる結婚式のやり方をとり入れたものです。これ以降、神前式は庶民の間にも定着していきました。明治時代が西洋文化の導入であると同時に、新しい伝統を創出する時代だったことを反映しているといえるでしょう。

翌1901（明治34）年には、明治天皇の孫にあたる裕仁《ひろひと》親王（のちの昭和天皇）が誕生します。成長後の親王は、宮内省の管轄《かんかつ》となっていた学習院の初等科に入学しました。当時、学習院の院長を務めていたのは乃木希典《のぎまれすけ》です。乃木は裕仁親王を特別あつかいせず、雨の日も馬車に乗らずに歩いて通学することを勧めるなど、質素な生活を送るよう指導します。これは明治天皇の考え方とも一致していました。

明治維新以来、明治天皇は日本各地を巡幸《じゅんこう》したのをはじめ、数々の法律の裁可、外国から訪れる要人との外交行事への参加、日清戦争、日露戦争の指導など激務に追われ、健康を害していました。1912（明治45）年7月30日、明治天皇は心臓まひのため59歳で崩御《ほうぎょ》します。同日には嘉仁親王が即位して天皇（大正天皇）となり、明治時代は終わりを迎えました。

明治天皇の大喪《たいそう》（天皇や皇后が死去した際に営まれる葬儀《そうぎ》）は、9月13日に行われました。江戸時代まで天皇・皇族の葬儀は仏教式でしたが、国家神道の普及が進められた明治時代以降は神道式になります。そして明治天皇の陵墓《りょうぼ》は、京都御所に近い、現在の京都市伏見《ふしみ》区に築かれました。これは明治天皇の生前の意向によるものとされます。現在の東京都渋谷区には、明治天皇を祭神としてまつる明治神宮が造営されました。

大喪の日、乃木は妻とともに自刃《じじん》しました。この殉死《じゅんし》の背景には、明治天皇に対する強い忠誠心とともに、日露戦争で多数の戦死者を出したことへの深い後悔《こうかい》の念があったといわれます。主君である天皇に殉じた乃木の最期は賛否を呼びますが、やがて国民の間では乃木の神格化が進み、さらに天皇と国家に生命を捧《ささ》げることを美徳とする価値観が定着します。

こうした側面に象徴されるように、明治時代とは、ただ単純に西洋諸国の技術や制度をとり入れた近代国家が建設されたという時代ではなく、中世・近世の武士の価値観である主君への忠義、古代の天皇を中心とした政治体制への回帰など、伝統的な要素が混然として共存する時代でした。この共存こそが明治時代の特質といえます。現代のわたしたちは、明治時代に築かれた〝日本〟という国家の枠組み、国民という意識、全国的に広がった制度や習慣といった土台の上に生きているのです。

明治時代の偉人❻

女子教育の発展に尽力した教育家

津田梅子

Tsuda Umeko

1864(元治元)～
1929(昭和4)年

新５千円札の肖像に採用される

幕臣で農学者だった津田仙《せん》の次女に生まれます。1871（明治４）年に６歳で岩倉使節団に随行する５人の女子留学生の一員として渡米し、英語、生物学、美術、音楽などを修め、1882（明治 15）年に帰国します。

幼少期をアメリカで過ごした梅子は、西洋諸国にくらべて日本の女性の社会での立場が弱いと考え、教育の必要性を痛感します。伊藤博文の推薦で華族女学校（現在の学習院女子大学）の教授となったのち、1889（明治 22）年にアメリカへ再留学し、障害者福祉の向上に尽力したアメリカ人のヘレン・ケラーや看護師の育成に尽力したイギリス人のナイチンゲールらと交流しました。

1900（明治 33）年に、国際人としての教養と人格を高めることを掲げた女子英学塾（現在の津田塾大学）を創設するなど、教育への貢献《こうけん》が評価され、2024（令和６）年に発行の新５千円札の肖像に採用されました。

年表　「明治時代のできごと」と「世界のできごと」を合わせて見られる年表です。

年	明治時代のできごと	世界のできごと
1868	明治天皇が即位	カナダ自治領が成立（1867）
1869	東京奠都／版籍奉還	普仏戦争が勃発（1870）
1871	郵便制度／廃藩置県／解放令	ドイツ帝国が成立（1871）
1872	学制／初の鉄道が開通	日清修好条規を締結（1871）
1873	徴兵令／地租改正条例／明治六年の政変	スペイン第一共和政が成立（1873）
1874	民撰議院設立建白書を提出／台湾出兵	樺太・千島交換条約（1875）
1876	廃刀令／秩禄処分	日朝修好条規を締結（1876）
1877	西南戦争	イギリス女王がインド皇帝に（1877）
1879	沖縄県の設置（琉球処分）	オスマン帝国でミドハト憲法停止（1878）
1881	国会開設の勅諭／明治十四年の政変	エジプトでウラービー革命が勃発（1881）
1882	日本銀行が設立	三国同盟が成立／壬午事変が発生（1882）

1885	内閣制度の成立	清仏戦争が勃発（1884）
1886	銀本位制が確立	甲申事変が発生（1884）
1889	大日本帝国憲法の発布	ドイツでヴィルヘルム2世が即位（1888）
1890	第1回帝国議会／教育勅語	シベリア鉄道の着工（1891）
1894	領事裁判権を撤廃／日清戦争が勃発	甲午農民戦争（1894）
1895	下関条約の締結	三国干渉（1895）
1897	金本位制が確立	朝鮮の国号が大韓帝国に（1897）
1898	初の政党内閣が成立	戊戌の政変が発生（1898）
1902	日英同盟（第一次日英同盟）を締結	オーストラリア連邦が成立（1901）
1904	日露戦争が勃発	第一次ロシア革命が勃発（1905）
1905	ポーツマス条約を締結／日比谷焼打事件	三国協商が成立（1907）
1910	大逆事件／韓国併合	青年トルコ革命が勃発（1908）
1911	関税自主権を完全回復	辛亥革命が勃発（1911）
1912	明治天皇が崩御	中華民国が成立（1912）

主な参考文献

『日本の歴史(13)文明国をめざして』牧原憲夫(小学館)

『日本の歴史(14)「いのち」と帝国日本』小松裕(小学館)

『日本の歴史(20)維新の構想と展開』鈴木淳(講談社)

『日本の歴史(21)明治人の力量』佐々木隆(講談社)

『日本近代の歴史(1)維新と開化』奥田晴樹(吉川弘文館)

『日本近代の歴史(2)「主権国家」成立の内と外』大日方純夫(吉川弘文館)

『日本近代の歴史(3)日清・日露戦争と帝国日本』飯塚一幸(吉川弘文館)

『戦争の日本史(20)世界史の中の日露戦争』山田朗(吉川弘文館)

『詳説日本史B』笹山晴生、佐藤信、五味文彦、高埜利彦 編(山川出版社)

『維新の政治変革と思想』伊藤之雄(ミネルヴァ書房)

『思想からみた明治維新』市井三郎(講談社)

『維新の夢』渡辺京二(筑摩書房)

『神風連とその時代』渡辺京二(洋泉社)

『明治天皇「大帝」伝説』岩井忠熊(三省堂)

『明治天皇 むら雲を吹く秋風にはれそめて』伊藤之雄(ミネルヴァ書房)

『伊藤博文 近代日本を創った男』伊藤之雄(講談社)

『知られざる大隈重信』木村時夫(集英社新書)

『板垣退助』高野澄(PHP研究所)

『図説 満州帝国』(河出書房新社)

『日本史小百科 海軍』外山三郎(東京堂出版)

『日本の名著 宮崎滔天／北一輝』近藤秀樹(中央公論新社)

『明治大正史世相篇』柳田國男(中央公論社)

『明治維新の収支決算報告』青山誠(彩図社)

『近代語の成立 文体編』森岡健二 編(明治書院)

［監修］ 大石学（おおいし　まなぶ）

1953年、東京都生まれ。東京学芸大学名誉教授。NHK 大河ドラマ『新選組！』『篤姫』『龍馬伝』『八重の桜』『花燃ゆ』『西郷どん』等の時代考証を担当。2009年、時代考証学会を設立、同会会長、静岡市歴史博物館館長を務める。

［協力］ 門松秀樹（東北公益文科大学公益学部教授）

編集・構成／造事務所
ブックデザイン／井上祥邦 (yockdesign)
文／佐藤賢二
イラスト／cocoanco

世界のなかの日本の歴史
一冊でわかる明治時代

2024年９月20日　初版印刷
2024年９月30日　初版発行

監　修　　大石学

発行者　　小野寺優
発行所　　株式会社河出書房新社
〒162-8544
東京都新宿区東五軒町2-13
電話03-3404-1201（営業）
03-3404-8611（編集）
https://www.kawade.co.jp/
組　版　　株式会社造事務所
印刷・製本　TOPPAN クロレ株式会社

Printed in Japan
ISBN978-4-309-72207-8

この時代にも注目！

世界のなかの日本の歴史
一冊でわかる平安時代
【監修】大石学
河出書房新社

世界のなかの日本の歴史
一冊でわかる鎌倉時代
【監修】大石学
河出書房新社

世界のなかの日本の歴史
一冊でわかる室町時代
【監修】大石学
河出書房新社

世界のなかの日本の歴史
一冊でわかる戦国時代
【監修】大石学
河出書房新社

世界のなかの日本の歴史
一冊でわかる江戸時代
【監修】大石学
河出書房新社

世界のなかの日本の歴史
一冊でわかる幕末
【監修】大石学
河出書房新社